NOTICE

SUR LA TRAPPE

ET SUR

LE MONASTÈRE DE MAUBEC

EXTRAITE DE LA VIE DE

MARIE DE LONGEVIALLE

En Religion Sœur Marie Bernard.

SAINT-ÉTIENNE

IMPRIMERIE THÉOLIER FRÈRES

Rue Gérentet, 12.

1879

NOTICE

SUR LA TRAPPE

ET

SUR LE MONASTÈRE DE MAUBEC

SAINT-ÉTIENNE, IMPRIMERIE THÉOLIER FRÈRES

NOTICE

SUR LA TRAPPE

ET

SUR LE MONASTÈRE DE MAUBEC

EXTRAITE DE LA VIE DE

MARIE DE LONGEVIALLE

En Religion Sœur Marie Bernard.

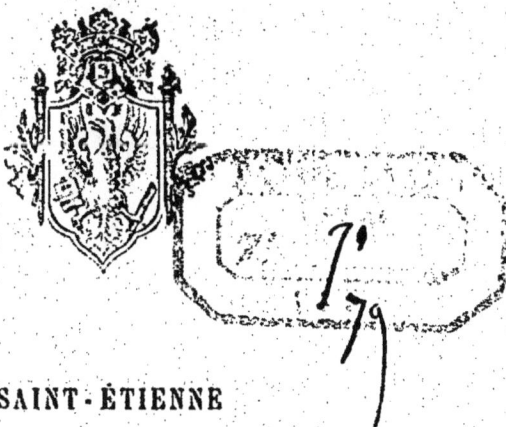

SAINT-ÉTIENNE

IMPRIMERIE THÉOLIER FRÈRES,

Rue Gérentet, 12.

—

1879

NOTICE

SUR LA TRAPPE ET SUR MAUBEC

I.

Aperçu historique sur la Trappe. — Maubec.

Sainte Thérèse personnifiait admirablement la beauté morale à laquelle son sexe s'est élevé sous l'action du sentiment religieux, le jour où elle s'écriait aux pieds du crucifix : « Que d'autres vous servent mieux que moi, je ne saurais le nier ; mais que d'autres vous aiment davantage, je n'y veux point consentir. » — Aussi loin, en effet, que les hommes aient poussé les témoignages de leur amour pour Dieu, il est juste de convenir qu'ils ont été suivis de près, sinon devancés, par des cœurs de femmes noblement jaloux.

Cette émulation apparaît avec éclat dans l'Évangile, dans les Actes des martyrs, dans la Vie des saints, et particulièrement dans l'histoire des Ordres

monastiques où sont racontées les saintes entreprises
tentées depuis la venue de Jésus-Christ, en vue de
réaliser dans leur perfection les enseignements de
ce divin Maître. Personne n'ignore, par exemple, le
beau spectacle qui fut donné au monde, vers le commencement du douzième siècle, alors que le vigou-
reux esprit de saint Benoît se ranima si merveilleusement à Citeaux. Les épouses et les fiancées des
gentilshommes que la voix de Bernard avait entraî-
nés dans la solitude ne consumèrent point de longs
jours à pleurer leur malheur : ne consentant pas à
se laisser vaincre en générosité, elles renoncèrent à
tout pour s'en aller, elles aussi, au fond des cloîtres,
immoler leurs délicatesses sous la robe de laine
blanche dont la Vierge Marie avait donné le modèle
à ses nouveaux serviteurs.

Une touchante figure se détache parmi ces femmes héroïques : c'est sainte Humbeline, la sœur
unique et bien-aimée de saint Bernard. Mariée à un
seigneur lorrain, cette belle et riche mondaine avait
vu sans s'émouvoir toute sa famille abandonner le
siècle ; mais, un jour qu'elle visitait Clairvaux, elle
fut prise, à son tour, de la sainte folie de la Croix.
Elle s'était présentée en magnifique équipage, avec
une suite brillante. Indigné de cette ostentation,
Bernard refusa de la voir et chargea le frère portier
de lui reprocher son orgueil. Le frère portier était
André, un des jeunes frères d'Humbeline ; mais elle
ne le reconnut pas sous son habit de moine. Cruelle-
ment humiliée et blessée au cœur, elle se mit à

pleurer : — « Oui, dit-elle, il est vrai, je suis une pécheresse ; mais Jésus-Christ n'est-il pas mort pour les pécheurs ? Retournez : si le frère ne veut pas reconnaitre sa sœur, dites à l'homme de Dieu, dites au prêtre d'avoir pitié de mon âme. » — Bernard, cette fois, se rendit, et il parla si fortement et si tendrement que la grande dame s'en alla convertie. Pendant deux ans, elle pratiqua au milieu du monde les vertus monastiques, jusqu'au jour où son mari lui permit enfin de se retirer au monastère de Juilly, fondé par son frère pour d'autres veuves comme elle, de *ces veuves dont les maris n'étaient pas morts,* selon l'expression de saint Bernard lui-même. Entraînées par cette généreuse pénitente, les religieuses de Juilly, qui avaient vécu jusqu'à ce moment sous un régime moins dur, demandèrent à entrer dans l'Ordre de Citeaux. Après elles, une multitude de monastères de femmes embrassèrent la même règle, et ainsi se forma l'immense famille des religieuses Cisterciennes.

Rien n'effraya ces nobles âmes dans une réforme si austère et si peu proportionnée à la faiblesse de leur sexe. Herman de Laon, chroniqueur contemporain, nous les représente courageuses et alertes, chantant les louanges de Dieu avec une ferveur angélique, gagnant leur pain à la sueur de leur front, travaillant en silence, et non point seulement à coudre ou à filer, mais défrichant les forêts et les terres sauvages, imitant joyeusement en toutes choses les moines de Clairvaux.

Or, la grâce de Jésus-Christ n'a rien perdu de sa puissance et la générosité des âmes chrétiennes n'est pas épuisée, car voici que nous allons contempler, sept cents ans plus tard, une merveille toute semblable à celle des jours anciens. Ces humbles et vaillantes Trappistines qui prient et font pénitence au milieu de nous, pour notre siècle si nécessiteux, ne sont-elles pas, en effet, les héritières des Cisterciennes, les dignes filles de saint Benoît et de saint Bernard ? Racontons à grands traits leur naissance et leur accroissement.

Si notre pauvre nature humaine n'avait la faculté de se relever sous le souffle de Dieu, il serait désespérant de constater combien elle est prompte à se laisser choir des hauteurs où un beau zèle la fait monter quelquefois. Après s'être prodigieusement multipliée dans toute l'Europe et avoir fait un bien infini, la famille cistercienne sembla se lasser peu à peu des efforts de vertu surhumaine qu'elle s'était imposés. Son âge d'or se prolongea toutefois près de deux siècles et, quand vinrent les jours mauvais, les mérites de ses pères et la bénédiction de Dieu lui avaient infusé une vie si abondante qu'elle put renaître de ses ruines, à la manière de ces arbres dont le tronc dépérit, mais qui gardent encore dans leurs racines assez de sève pour pousser de beaux rejetons. Ceux des enfants de Cîteaux qu'attristait cette décadence et qui sentaient passer en eux l'ardent esprit des temps primitifs, se groupaient pour former des congrégations particulières où l'on gardait le costume, la règle et les statuts du vieil Ordre, mais en adoptant certaines modifications de gouvernement et d'organisation propres à favoriser la discipline régulière.

Parmi ces réformes, la plus célèbre et la plus durable fut celle que l'abbé de Rancé parvint à accomplir dans son monastère de *la Trappe* et qui s'étendit, dans une mesure plus ou moins complète, à un assez grand nombre de communautés cisterciennes, soit d'hommes, soit de femmes. La Trappe fut la merveille du grand siècle ; Bossuet l'appelait la *sainte maison* et il s'y mettait en retraite aussi souvent qu'il le pouvait. Les princes de la terre faisaient aussi ce pèlerinage, et le roi d'Angleterre, Jacques II, au moment de monter à cheval pour retourner à Saint-Germain, disait à l'abbé : « Monsieur, il faut venir ici pour apprendre à avoir du respect pour Dieu. »

Hélas ! pourquoi tous les grands seigneurs de France et d'Angleterre n'allèrent-ils pas alors à la Trappe pour y apprendre à respecter Dieu ! Ils aimèrent mieux se donner la main pour se moquer ensemble de toutes les choses sacrées ; et nous eûmes le dix-huitième siècle que la Justice divine n'a pas voulu laisser finir sans le marquer comme d'un fer rouge, afin que toute la postérité sache bien où aboutissent le libertinage et l'impiété.

Il faut dire à l'honneur des disciples de l'abbé de Rancé qu'ils surent, dans ce triste déclin du Christianisme, garder une noble attitude, ne se laissant pas plus déconcerter par les insultes des philosophes qu'ils ne s'étaient enorgueillis des louanges de Bossuet ou de Louis XIV. Et, par sa fidélité au milieu de cette corruption, la Trappe mérita d'être choisie de Dieu comme l'arche qui devait surnager dans la tourmente, reliant les temps anciens aux temps nouveaux et nous conservant, pour des jours meilleurs, les saintes traditions de la vie monastique.

Le 1ᵉʳ juin 1791, la Trappe, émigrée de France, s'installait à la Val-Sainte, dans le canton de Fribourg, sous la conduite de Dom Augustin de Lestrange qui lui avait préparé ce refuge.

Dom Augustin était d'une ancienne famille du Vivarais. Après une jeunesse pure et toute sanctifiée par la piété et par l'étude, ayant été ordonné prêtre en 1778, il exerça d'abord quelque temps le ministère dans la paroisse de Saint-Sulpice à Paris. Il fut ensuite nommé grand-vicaire de l'archevêque de Vienne; ce qui lui agréa peu, car il redoutait les honneurs. Sa frayeur fut au comble, le jour où il apprit que Mgr de Pompignan l'avait demandé et obtenu pour coadjuteur : il s'enfuit aussitôt à la Trappe. Il était envoyé de Dieu pour sauver et développer, dans les circonstances les plus difficiles, l'œuvre de M. de Rancé ; et il fut à la hauteur de sa mission : c'est une énergique figure d'homme et de saint. En lisant l'histoire de ses travaux, nous nous sommes dit plus d'une fois que tout le monde connaîtrait par son nom et placerait au premier rang parmi les grands hommes tout autre personnage qui aurait déployé, à la poursuite d'une entreprise moins sainte, un tel courage et une telle intelligence (1).

Depuis les premiers jours de Citeaux, on n'avait rien vu d'aussi dur que la vie des Trappistes de la Val-Sainte. M. de Rancé fut bientôt dépassé ; on revint, particulièrement pour le jeûne, à la pratique littérale de la règle de S. Benoît dont les prescriptions furent elles-mêmes exagérées en plus d'un point. Le silence était absolu et perpétuel. Sans rien retrancher du devoir de la prière et du chant de l'Office, on travaillait des mains, huit ou dix heures par jour, pour se mortifier et aussi pour avoir de quoi manger, car la pauvreté était extrême. Quant aux repas, conformément à la Règle de S. Benoît, on en faisait deux depuis la fête de Pâques jusqu'au 14 septembre ; le premier à midi, le second le soir. Les six autres mois de l'année, il n'y avait qu'un seul repas qui se prenait peu avant la nuit en carême, et entre deux et trois heures de l'après-midi, le reste du temps. Point de viande ni de poisson, point d'œufs ni de beurre : des légumes apprêtés à l'eau et au sel et si insipides que les pauvres du pays n'en voulaient point. Et, pour réparer ses forces, on avait cinq ou six heures de sommeil sur de simples planches.

(1) Un homme du monde, toutefois, M. Casimir Gaillardin, professeur d'histoire au collège Louis-le-Grand, a élevé un beau monument à la mémoire du vénérable Père de Lestrange, dans son *Histoire de la Trappe*, Paris, 1844. 2 vol. in-8°. — C'est cet excellent livre que nous avons le plus ordinairement suivi dans notre rapide narration.

Plusieurs des règlements de la Val-Sainte ont dû être modifiés plus tard, après les leçons de l'expérience. « Mais, dit avec raison l'historien de la Trappe, qu'il est facile d'excuser ce pieux excès! Plus le monde élargit ses voies, plus le chrétien resserre les siennes; plus l'apostat outrage la Majesté divine par ses blasphèmes, plus le fidèle redouble de ferveur pour consoler le cœur de son Dieu; plus le criminel provoque la justice, plus le pénitent sollicite la miséricorde par ses expiations volontaires... Le triomphe des athées fut pour les Trappistes le signal d'une réparation égale à l'énormité des offenses. Ils voyaient la religion périr à côté d'eux, dans leur patrie, Dieu chassé de ses temples, la raison humaine assise sur le tabernacle de la Sagesse éternelle, et le plus auguste des mystères livré aux animaux immondes. Le tremblement les prit pour les prévaricateurs qui n'y pensaient pas. Ils se ressouvinrent que dix justes auraient sauvé une ville infâme. Aux débordements de l'iniquité ils voulurent opposer l'abondance de leur justice et, parce que le monde se perdait par le délire de la licence, ils essayèrent de le sauver par la folie de la mortification. »

On pensera peut-être que ce régime effrayant décimait la Trappe et que personne n'osait se présenter pour remplacer les morts? — Les postulants affluaient, au contraire, de tous les pays, amenés par l'attrait du sacrifice, par la miséricorde de Dieu qui a coutume d'inspirer à ses amis des résolutions plus héroïques, aux heures de désordre et d'iniquité où il faut que des innocents s'immolent avec Jésus-Christ pour expier l'injure et sauver les âmes des coupables. Les vocations furent si nombreuses que les moines de la Val-Sainte durent imiter les abeilles qui essaiment quand la ruche ne peut plus contenir ses habitants. Il y eut bientôt des colonies en Espagne, en Brabant, dans le Valais, en Piémont, en Angleterre.

A la vue de cet enthousiasme pour le sacrifice, quelques généreux cœurs de femmes ne vont-ils pas répéter la protestation de sainte Thérèse : « Seigneur, que d'autres vous aiment plus que moi, je n'y saurais consentir ! »

La Révolution avait dispersé par le monde une multitude de religieuses de toutes les congrégations. Pendant que celles qui étaient restées en France versaient leur sang pour la Foi, souffraient dans les prisons, ou réussissaient à se cacher, priant Dieu et faisant le plus de bien qu'elles pouvaient en attendant que l'orage s'apaisât, d'autres, errant dans l'exil et très-embarrassées de la liberté qu'on leur avait donnée malgré elles, cherchaient un abri, une direction, une règle, la reconstitution, en un mot, de ces couvents et de ces cloîtres où les philosophes les disaient si malheureuses (1). Quelquesunes de celles-

(1) Quand l'Assemblée nationale ouvrit les portes des couvents, par le décret du 13 février 1790, qui abolissait les vœux monastiques, sur près de quatre-vingt mille religieu-

là s'étant adressées à Dom Augustin, afin qu'il les sauvât comme il avait sauvé ses frères, cet homme plein de foi et de zèle conçut la pensée de réunir les fugitives d'instituts si divers en une seule famille qui suivrait les lois de Cîteaux. Telle est l'origine des Trappistines.

Le 14 septembre 1796, fête de l'Exaltation de la Sainte Croix, s'ouvrit la première Trappe pour les femmes. C'étaient quatre murs, partagés dans l'intérieur par des planches de sapin figurant à peu près les principaux lieux réguliers. Le pauvre monastère était dans le Bas-Valais, près de Saint-Maurice. On le nomma la *Sainte volonté de Dieu*; ce fut comme le mot d'ordre et le cri de guerre de cette nouvelle croisade.

Beaucoup d'âmes courageuses accoururent. Après Mlle de Lestrange, digne sœur de Dom Augustin, il faut nommer Mme Rosalie de Chabannes qui fut supérieure de la communauté. Cette admirable femme fut comme un lien vivant entre les anciennes filles de saint Bernard et les nouvelles; car, quelques années avant la Révolution, elle avait fait profession, à Paris, dans la fameuse abbaye royale de Saint-Antoine qui s'était réformée au dix-septième siècle sous l'influence de M. de Rancé. Les religieuses de

ses qu'il y avait alors en France, six cents seulement, par des motifs divers, profitèrent de la faculté de s'en aller; les autres s'obstinèrent à vivre dans leurs communautés jusqu'à ce qu'on les en fit sortir de force. — *Cours d'Histoire ecclésiastique*, t. III, p. 285. Grenoble. 1853.

cette maison, appartenant toutes à la noblesse française, furent persécutées avec plus d'acharnement
par les révolutionnaires. Elles étaient en prison,
attendant l'échafaud, quand la mort de Robespierre
leur rendit la liberté. Mme de Chabannes se réfugia
en Suisse, et ce fut elle surtout qui détermina Dom
Augustin à créer les Trappistines.

Il y avait un peu plus d'un an que le monastère de
la *Sainte volonté de Dieu* était ouvert, lorsqu'il s'y
présenta une novice qui fut bientôt remarquée pour
sa ferveur religieuse. Comme elle était entrée vêtue
très-simplement, ses compagnes, malgré l'évidente
distinction de ses manières, la prirent dans les commencements pour une fermière suisse; ce qui la
réjouit beaucoup, car elle cherchait depuis longtemps
un lieu où personne ne fît attention à son rang.
C'était la princesse Louise-Adélaïde de Bourbon-
Condé.

Etant petite fille, son humeur n'annonçait pas
qu'elle dût jamais s'ensevelir dans une solitude où
elle n'ouvrirait les lèvres que pour chanter les
louanges de Dieu et confesser ses fautes. Lorsqu'on
l'eut conduite, à l'âge de quatre ans, chez l'abbesse
de Beaumont-lès-Tours, Mme de Vermandois, sa
grand'tante, qui devait lui tenir lieu de mère, les
religieuses qui lui faisaient visiter l'intérieur du
couvent lui ayant demandé où elle voulait aller:
— « Oh! menez-moi où l'on fait le plus de bruit »,
répondit-elle d'un air suppliant. Le soir, elle fut
à l'office des complies. On n'avait pas achevé le

premier psaume qu'elle murmurait déjà à l'oreille de la bonne religieuse qui était chargée d'elle : « J'en ai assez. »

Dix ou douze ans plus tard, la princesse de Condé était à la cour de Louis XV, dans l'intimité des princesses Clotilde et Élisabeth. L'histoire offre peu de spectacles aussi doux à contempler que celui de ces trois innocentes et pieuses jeunes filles que les anges couvrent de leurs ailes au milieu de cette corruption (1).

Au moment où nous la retrouvons à *la Sainte*

---

(1) « Il semble étrange à présent de rappeler les jours où ces trois jeunes filles de race royale faisaient ensemble leurs projets d'avenir. Combien cet avenir devait être différent de celui qu'elles croyaient entrevoir ! Clotilde, qui aspirait si ardemment à se cacher dans la solitude d'un cloître, était destinée à porter une couronne, mais à se sentir accablée au milieu des grandeurs par les chagrins les plus amers et les agitations les plus pénibles; et elle devait se montrer assez supérieure aux prospérités et aux infortunes de la vie pour mériter que l'Église désignât un jour son nom à la vénération universelle.

« Une route plus courte, mais plus terrible, était tracée pour conduire l'héroïque et douce Élisabeth à la sécurité de l'éternel repos. Et Louise était appelée à rejoindre ses amies bien-aimées, après une longue vie de tribulations et de mécomptes où ne devaient rester inébranlables que sa fidélité et sa confiance en Dieu. » — *Les ordres religieux de femmes*, esquisses de quelques Ordres et Congrégations, ouvrage traduit de l'anglais. 1 vol. in-12. Paris, Adrien-Leclere. — Petit livre plein d'édification et de charme. Il n'y est point parlé des Trappistines ; ce qui nous a paru regrettable.

volonté de Dieu, sous la robe blanche des Trappistines, la fille des Bourbons est sans doute préparée
par de longues infortunes à la vie de dépouillement
absolu qu'elle a choisie ; il faut toutefois son
aimable naturel et les richesses de la grâce de Dieu
en elle et dans ses compagnes pour expliquer le
merveilleux contentement où elle est de toutes
choses. — « Ce matin, écrit-elle, en chantant le
cantique *Benedicite,* je faisais une provision de joie
et de bonheur pour toute ma journée. Que m'importe
le reste de ce jour où j'ai béni le Seigneur avec
ses anges et ses saints ! — Cette demeure n'est
pas comme tant de gens la croient... Je ne sais ce
que c'est que cette austérité que l'on dépeint si
terrible ; je vois des visages excellents, tout roses
et blancs ; mais, ce qui vaut mieux, des visages
paisibles, heureux et saints... Tout le monde a un
air de santé ; point de maladie ni de mort plus
qu'ailleurs. Sur cinquante personnes que nous
sommes ici, j'en vois cinq ou six seulement prendre
quelques soulagements. » Et elle raconte comment
sa propre santé s'affermit depuis qu'elle se préoccupe
beaucoup moins de ses faiblesses. Et dans une autre
lettre : — « La journée est si bien réglée qu'elle
paraît un instant ; on n'y peut connaître l'ennui.
Et quant à cette austérité que l'on croit si repous-
sante, je ne sais où la trouver : il me semble que j'ai
toutes mes aises, ou du moins tout ce qu'il faut
à des âmes chrétiennes qui ont pour maître et pour
modèle Jésus crucifié. Le silence, le recueillement

et la paix sont ce que je trouve de plus touchant
dans cette sainte maison si régulière et si fervente (1). »

Certes, il fallait que cette maison fût fervente pour
porter si vaillamment et pour trouver si léger le
fardeau qu'elle avait embrassé. Les règlements qu'on
y observait étaient, en effet, exactement les mêmes
que ceux de la Val-Sainte. — « Les couches dures,
les longs jeûnes, le carême de six mois sans collation, la diminution du sommeil, le travail des
mains, le silence, tout ce que les hommes s'étaient
généreusement imposé fut accepté avec empresse-
ment, avec reconnaissance, par ces femmes dignes
d'être leurs sœurs et de porter leurs noms (2). »
Loin de trouver la réforme trop dure, elles y ajou-
taient d'elles-mêmes des pratiques particulières et
des rigueurs de prédilection ; pieux excès que Dom
Augustin s'empressa d'interdire aussitôt qu'il les
eut aperçus.

Toutes ces nobles âmes se sanctifiaient à l'envi
et imploraient par leurs sacrifices la pitié de Dieu
sur les hommes, lorsque le calme de leur solitude
fut troublé par des bruits de guerre. La Révolution,
qui n'avait pas pénétré encore dans le territoire

(1) Pour mieux apprécier à sa valeur le témoignage de
Louise de Condé sur la Trappe naissante, il est bon de
remarquer que la princesse n'était plus alors une jeune
personne, mais une femme de quarante ans.

(2) *Histoire de la Trappe.*

neutre de l'Helvétie, songea enfin à l'affranchir. Les historiens assurent, il est vrai, que le Directoire se sentit singulièrement stimulé dans son libéralisme par tout le bien qu'on lui avait dit du trésor de Berne qui renfermait 15 ou 20 millions. Quoi qu'il en soit, le général Brune se préparait à envahir ce pays.

Qu'allait devenir la Trappe? La Révolution, qui était en recrudescence d'impiété et s'apprêtait à mettre la main sur le Pape, respecterait-elle sur la terre de l'exil ce qu'elle avait chassé de France? Dom Augustin connaissait trop bien les choses de son temps pour s'arrêter à une telle espérance ; et, ne pouvant se résoudre à la dispersion de ses enfants, il ne jugea pas impossible de les emmener tous avec lui, au travers de l'Europe en feu, à la recherche d'un asile où il leur serait permis de servir Dieu en liberté. Les disciples furent dignes du maître Lorsque Dom Augustin leur proposa son dessein, tous, hommes et femmes, y applaudirent. Un grand nombre même d'élèves du Tiers-Ordre (1) ne voulant pas se séparer de leurs maîtres, et les parents

(1) Esprit infatigable et à grandes vues, M. de Lestrange avait créé pour les hommes et pour les femmes un Tiers-Ordre consacré à l'éducation de la jeunesse. Ce Tiers-Ordre était sous la loi et la direction de la Trappe, mais avec une règle moins dure. Cette partie de son œuvre ne lui a pas survécu ; mais elle n'a disparu qu'après avoir fait beaucoup de bien et ouvert la voie aux communautés enseignantes qui se formèrent ou se rétablirent ensuite, en vue de réparer les ruines causées par la Révolution.

consentant à ce départ, il fallut se charger encore
de ce surcroît d'embarras et de responsabilité. On
n'en eut, du reste, aucun regret, car cette centaine
d'enfants de l'un et de l'autre sexe ne fut pas la
moins vaillante partie de la troupe; ce fut aussi
pour les émigrés une singulière consolation, une
touchante recommandation aux yeux des étrangers
et comme un gage de la protection divine, de pos-
séder au milieu d'eux cette jeunesse innocente et
pleine d'entrain.

Le pays de l'Europe le moins ébranlé par la com-
motion révolutionnaire et le plus à l'abri de la guerre
était la Russie. Dom Augustin, résolu d'aller jusque-là, si la Providence ne lui ménageait pas en chemin quelque autre retraite, songea à se recommander auprès du czar du nom de la princesse de Condé.
C'était une heureuse pensée. Paul 1er qui régnait
alors, avait été, avant la Révolution, sous le nom de
comte du Nord, l'hôte de Chantilly, où il déclarait
n'avoir rien vu de plus beau et de plus gracieux que
la princesse Louise. Celle-ci, devenue sœur Marie-
Joseph, et bienheureuse de mettre au service de sa
famille religieuse le prestige qui pouvait demeurer
attaché à sa naissance et à sa personne, adressa donc
à Saint-Pétersbourg une requête dans laquelle « elle
priait l'aimable comte du Nord d'intercéder pour elle
auprès de l'empereur Paul. »

Il fallut partir avant d'avoir une réponse, car les
Français approchaient. Dom Augustin pourvut
d'abord à la sûreté des religieuses qui se rendirent

par petites bandes à Constance, et de cette ville en Bavière où l'électeur Charles-Théodore les accueillit dans son château de Furstenried, près de Munich. Le reste de l'émigration étant arrivé, on se serait volontiers fixé dans ce lieu, si le bon électeur ne se fût laissé effrayer par les clameurs des disciples d'Adam Weishaupt, lesquels, comme on le sait, ne faisaient pas entrer les moines dans leur système de rénovation sociale.

Ce fut une opposition du même genre qui empêcha nos fugitifs de prendre pied en Autriche où ils se rendirent en quittant la Bavière. L'empereur François II, qui leur était personnellement très-favorable et qui voulait les établir dans une de ses terres de Bohême, ne fut pas assez puissant pour les défendre contre la malveillance de ses propres ministres. L'asile provisoire qu'il leur accorda se prolongea néanmoins assez longtemps pour permettre à Dom Augustin de se préparer un établissement en Russie.

Ainsi qu'on l'avait espéré, les agréables souvenirs du comte du Nord avaient inspiré à l'empereur Paul une réponse très-gracieuse. L'officier, porteur de la lettre impériale, devait prendre sur toute la route les ordres de la princesse de Condé ; les plus hauts personnages étaient chargés de la recevoir à la frontière et de veiller sur elle jusqu'à la petite ville d'Orcha, en Pologne russe, où devait être sa résidence. Il est vrai que cette pompeuse hospitalité, qui faisait sourire sœur Marie-Joseph, était plutôt une

politesse de souverain à altesse qu'un engagement
sérieux envers les Trappistes proscrits. Le czar
n'accordait qu'un asile, non un établissement durable, et il fixait à quinze religieuses et à quinze religieux le nombre de ceux qu'il voulait bien recevoir.
C'était toutefois un commencement de succès, et Dom
Augustin pensa avec raison qu'il obtiendrait davantage, une fois sur les lieux. Laissant donc, moitié à
Vienne (1), moitié à Prague, ceux qu'il ne pouvait
emmener, il accompagna d'abord en Russie les deux
petites communautés qui devaient occuper les monastères désignés par l'empereur Paul. Il est inutile de
remarquer que sœur Marie-Joseph, l'ange gardien
de la Trappe, faisait partie de cette avant-garde. Ce
fut encore sa recommandation qui ouvrit toutes les
portes du palais impérial à Dom Augustin, le jour
où il s'y présenta pour obtenir du czar qu'il voulût
bien étendre à tout l'Ordre de la Trappe la protection accordée à quelques-uns de ses membres. En
réponse aux lettres qu'avait écrites la princesse en
vue de préparer le succès de cette démarche, l'impé-
ratrice promit de bien recevoir le Père Abbé qui

(1) Pendant tout leur séjour à Vienne, les Trappistines
furent logées chez les religieuses de la Visitation et trai-
tées avec la générosité aimable qui caractérise les filles de
saint François de Sales. Elles reçurent de ces bonnes
sœurs, outre le pain de chaque jour, une foule d'objets précieux pour leur établissement en Russie, du linge, des
vases sacrés, un riche ostensoir qui se conserve encore
aujourd'hui à Maubec et quatre grands reliquaires qui sont
à Aiguebelle.

allait lui parler de son amie, et l'Empereur déclara que tout ce qui lui viendrait de l'aimable femme qu'il avait connue à Chantilly lui serait cher. Dom Augustin fut, en effet, bien accueilli, et, après d'assez longues négociations, soit avec la Cour soit avec les évêques sous la juridiction desquels il allait se trouver, il obtint cinq autres établissements dans les provinces de la Pologne russe les plus rapprochées des États autrichiens. Ces nouveaux refuges s'ouvraient très-opportunément ; car, outre les colonies de Vienne et de Prague, l'Abbé voyait venir à lui les Trappistes de Sordevolo et de Mont-Brac, en Piémont, qui avaient été obligés, comme leurs frères de la Val-Sainte, de se retirer devant l'invasion française.

Vers la fin de l'été 1799, Dom Augustin eut la consolation de voir tous ses enfants convenablement installés dans les maisons qu'il leur avait préparées. Outre les deux monastères établis depuis un an dans la Russie blanche, il en occupait cinq autres dans la Pologne russe : deux dans le Palatinat de Brzesc, deux en Volhinie, un dans la Podolie. Sur ce nombre il y avait deux maisons de Trappistines, l'une à Orcha où se trouvait la princesse de Condé, l'autre près de Brzesc.

Entourés de la vénération publique, aimés surtout des petits et des pauvres à cause de leur vie austère et de leur douce charité, tous ces serviteurs de Dieu se disposaient, après un hiver d'une rigueur affreuse, à remuer et à ensemencer leurs terres que le soleil du printemps commençait à amollir, lorsqu'un changement subit dans les sentiments du czar vint leur apprendre que cet établissement de Russie, qui leur avait semblé le terme de leurs pérégrinations, n'était lui-même qu'une halte dans les neiges. En effet, au mois de mars de l'année 1800, Paul Ier rendit un ukase qui ordonnait à tous les Français émigrés de quitter ses Etats. Vaincu à Zurich et ne voulant pas continuer la lutte, il avait jugé bon de rompre l'alliance anglaise et de reconnaître avec une sorte d'enthousiasme le gouvernement du premier Consul : l'expulsion des émigrés était un gage de cette nouvelle et chaude amitié. Les Trappistes, toutefois, n'auraient peut-être pas été compris dans l'ukase, si la princesse de Condé se fût trouvée parmi eux pour les couvrir encore de son nom ; mais, depuis quelques mois déjà, elle les avait quittés ; non point sans regrets, car elle écrivait quelque temps après : « Il fallut donc me dépouiller des livrées du Seigneur qui faisaient ma gloire et mon bonheur. Je le fis et je n'en mourus pas, c'est tout ce que je puis dire. »

Ce ne fut certes point pour échapper aux austérités cisterciennes qu'elle se sépara de ses compagnes. Durant les fatigues de l'immense voyage qui l'avait conduite du canton de Fribourg au fond de la Russie, son courage et sa bonne humeur ne s'étaient pas un instant démentis. C'était elle qui écrivait d'un monastère d'Allemagne où la troupe avait trouvé une généreuse hospitalité : « On nous met du beurre

dans ce que nous mangeons, ce qui me paraît
maintenant comme de la graisse toute pure ; j'aime
mieux nos fricassées. » A Orcha, par un froid de
trente degrés, elle travaillait et chantait toute
joyeuse avec ses sœurs, invitant *les glaces et les
neiges à bénir le Seigneur.* Mais Dieu, après avoir
comme prêté gracieusement à la Trappe cette aimable
et sainte femme, l'en avait retirée, au moment où
elle allait y faire profession, pour lui confier une
autre mission dans laquelle elle trouva le dernier
mot de sa destinée (1).

Avant de quitter ses sœurs et ses frères pour se
rendre où Dieu l'appelait, la princesse ne manqua

(1) Une secrète et puissante impulsion, approuvée par
son directeur, la conduisit à Varsovie, au couvent de
l'Adoration perpétuelle du Très-Saint-Sacrement, où elle
prononça ses vœux de religion en présence de la famille
royale de France, le 21 septembre 1802. Quelques années
plus tard, dans les premiers temps de la Restauration, la
princesse Louise ayant demandé l'autorisation de rétablir
son Ordre en France, un membre du Conseil d'Etat proposa
qu'on lui accordât pour cet objet les bâtiments *du Temple.*
A ce mot inattendu, un frémissement se produisit dans
l'assemblée ; il n'y eut pas une seule objection, tellement
il y avait de convenance dans cette pensée de l'Hostie
expiatrice adorée perpétuellement en ce lieu par un chœur
de femmes innocentes et mortifiées, ayant à leur tête une
fille des Bourbons. Ce fut là, en effet, que Louise de Condé
consuma le reste de sa vie, implorant la pitié de Dieu sur
la France, priant pour les bourreaux comme pour les
victimes, et digne d'être exaucée, car elle était elle-même
de ces *miséricordieux* à qui la miséricorde est promise en
retour. — « Voilà Bonaparte mort, écrivait-elle à Mgr

point de les recommander instamment à la bienveillance de l'empereur Paul. Mais la raison d'Etat
prévalut, ainsi que nous l'avons dit, et, vers les fêtes
de Pâques de l'année 1800, toutes les communautés
de la Trappe établies en Russie se remirent en
marche, ne sachant où Dieu les mènerait cette fois.
Il les ramena, après un long voyage semé d'étranges
épreuves, aux lieux mêmes qu'elles avaient dû
abandonner, cinq ans auparavant, pour échapper
aux coups de la Révolution. Au commencement de
l'année 1803, en effet, la paix étant rétablie en
Europe et la Suisse délivrée de la domination
française, le groupe principal des exilés, sous les
ordres immédiats de Dom Augustin, rentrait dans le

d'Astros, son directeur. Il s'était fait votre ennemi en vous
persécutant; je pense que vous direz une messe pour lui.
Il s'était fait le mien en tuant mon neveu (le duc d'Enghien),
et Dieu m'a fait la grâce depuis ce moment-là de le nommer
tous les jours dans mes prières. » — Elle était faite pour
comprendre cette belle maxime que lui adressait un jour la
sainte reine Clotilde de Sardaigne, son amie d'enfance:
« La plus brillante couronne qu'une âme puisse recevoir au
ciel est de voir auprès d'elle l'âme d'un de ses ennemis,
surtout lorsque c'est par ses larmes qu'elle en a obtenu le
salut. » — La princesse de Condé s'endormit doucement
dans le Seigneur, au mois de février 1822. Nous nous
sommes plu à lui consacrer ici ce petit souvenir, en retour
de l'amitié qu'elle eut pour nos chères Trappistines, de
l'immense service qu'elle leur rendit et de tout le bien
qu'elle a dit elle-même de leur courage, de leur régularité,
de *leurs visages tout roses et blancs, paisibles, heureux et
saints.*

canton de Fribourg. Et nous trouvons consolant de relever ici le caractère vraiment populaire de cette restauration.

Pendant que le Sénat de Fribourg délibérait sur la requête par laquelle Dom Augustin demandait l'autorisation de reprendre possession de son ancien monastère, les pauvres et les ouvriers firent une démonstration significative, presque menaçante, qui força la main à ceux des gouvernants qui pouvaient croire par devers eux que les moines avaient fait leur temps. — « Nous voulons les Trappistes, disait-on tout haut par les rues de Fribourg : ils nourrissaient les pauvres, ils élevaient les enfants ; leur départ a été pour nous une calamité : qu'on nous les rende. » Les Trappistes s'étaient concilié la même sympathie partout où ils avaient séjourné durant leur émigration, aussi bien en Russie et en Prusse qu'en Bavière, en Autriche et en Pologne. N'est-ce pas d'ailleurs une observation suggérée par l'étude de l'histoire, que les contradictions auxquelles les moines ont été en butte, ne leur sont ordinairement pas venues du peuple ? Ils ont de ce côté, par l'austérité de leur vie, et plus invariablement par leur charité, des racines profondes.

Napoléon Ier devait plus tard se courroucer violemment contre la Trappe, la trouvant sur son chemin dans la guerre déplorable qu'il fit au Pape ; mais il commença par la traiter avec faveur, estimant que des gens qui travaillent beaucoup, qui dépensent peu et qui donnent abondamment aux pauvres, ne sauraient être à charge à l'Etat. Il disait encore avec beaucoup de raison : « Ce n'est pas le fanatisme qui est à craindre en ce siècle, c'est l'athéisme. » Son attention fut du reste appelée sur la Trappe d'une façon assez piquante. Il venait de recevoir à Milan la couronne de fer des Lombards et traversait la république Ligurienne, tout récemment annexée à son empire, lorsqu'il reçut cette singulière supplique en vers latins : — « Glorieux monarque, lui disait-on, voyez quelle est la différence de nos destinées : je ne possède rien sur la terre, et tout est soumis à votre pouvoir. Je ne vous envie rien cependant ; car, si vous avez une *bonne part*, sachez que la meilleure est à moi : *Nam tibi si bona pars, optima, scito mihi.* Qu'elle ne me soit pas ravie, voilà, généreux Prince, tout ce que je réclame de vous ; alors, si rien ne manque à votre domination, rien ne manquera à la mienne. » C'était le Père François de Sales, un disciple de Dom Augustin, qui demandait ainsi la conservation d'une petite colonie de Trappistes qu'il avait amenés, l'année précédente, de la Val-Sainte, et installés sur les bords du golfe de Rapallo, dans l'ancien monastère de Cervara qui servit de prison à François Ier après la bataille de Pavie. Dès lors la bienveillance de l'Empereur fut acquise aux Trappistes. De Gênes même, il fit écrire par Portalis à Dom Augustin qu'il conservait son monastère de Cervara et qu'il voulait en fonder un autre au Mont-Genèvre, où les troupes qui passaient de France en Italie recevraient l'hospitalité.

La Trappe eut ainsi par la grâce de Dieu quelques années de paix et de liberté dont elle profita comme les abeilles profitent du beau temps ; on affermit les anciennes fondations, on en fit de nouvelles. A la Val-Sainte, qui était le berceau de tout l'Ordre, on réparait les ruines et on élevait des bâtiments capables de contenir deux cents élèves ; car le Tiers-Ordre voué à l'éducation des enfants prenait une importance toujours croissante.

Les Trappistines, ne pouvant reprendre possession de leur ancien monastère, se contentèrent gaîment d'une misérable location où elles restèrent près de deux ans dans une gêne incroyable, en attendant une meilleure installation dans la nouvelle maison qu'on leur préparait à la Riedra, au pied d'une montagne, à deux heures de la Val-Sainte. Cependant les vocations monastiques reprenaient leur ancien cours ; des âmes généreuses venaient de tous les pays dans cette solitude pour y apprendre le secret d'aimer Dieu, à l'école de ces vénérables femmes qui avaient si étrangement souffert pour lui et qui portaient sur leurs corps innocents le glorieux souvenir du témoignage qu'elles lui avaient rendu. Presque toutes, en effet, avaient rapporté quelque infirmité de leur émigration en Russie ; plusieurs ne pouvaient marcher qu'à l'aide de bâtons ou de béquilles ; il y en avait deux qu'il fallait porter au chœur.

Après huit années de repos et de prospérité, la Trappe fut de nouveau frappée et dispersée, mais

pour une cause si sainte qu'il lui fut permis de
s'abandonner avec plus de sécurité que jamais à la
garde de Dieu. Pie VII était à Savone. Dom Augustin
n'avait pas été des derniers à pénétrer dans la prison de l'auguste captif. Napoléon le sut et la foudre
commença à gronder. Elle éclata à l'occasion d'un
serment de fidélité aux constitutions de l'Empire
qui fut demandé au clergé d'Italie, vers la fin de
1810. Le préfet des Appenins s'étant présenté pour
cet objet à la Trappe de Cervara, le bon Père François de Sales, le même qui avait autrefois, par ses
distiques latins, attiré les yeux de Napoléon sur la
Trappe, s'exécuta, lui et sa communauté, sans trop
de scrupule. Dom Augustin, son supérieur, qui n'a-
vait pas été consulté, vit la chose autrement. A ses
yeux, prêter serment aux constitutions de l'Empire,
c'était consentir à la confiscation des Etats pontifi-
caux, puisque le décret de spoliation faisait déjà
partie de ces mêmes constitutions. Et quels engage-
ments ne prenait-on pas pour l'avenir, en se liant
ainsi, sous un régime où tout ce que voulait, tout
ce que pensait l'Empereur était converti en consti-
tution de l'Empire! Que le clergé séculier, si nécessaire et responsable d'intérêts si graves, gardât le
silence, pour ne point porter aux dernières extrémi-
tés et jusqu'au schisme le despote violent qui n'avait
été jusque-là qu'un ravisseur de biens de l'Eglise,
Dom Augustin n'avait pas à juger cette conduite ;
mais, selon lui, les moines, qui ne compromettent
qu'eux-mêmes dans leurs luttes contre le Pouvoir, ne

devaient pas laisser passer sans protestation de telles iniquités (1).

En conséquence, le Père François de Sales reçut ordre de rétracter le serment qu'il avait prêté ; ce qu'il fit aussitôt de bon cœur et solennellement, en présence d'un grand nombre de fidèles assemblés dans l'église de son monastère. De plus, il fit tenir au maire de Rapallo, ainsi qu'au préfet du département, un exemplaire de sa rétractation.

Cette leçon étant venue aux oreilles de l'Empereur, un décret foudroyant partit aussitôt de Saint-Cloud, le 28 juillet 1811. — Les couvents de la Trappe étaient supprimés dans toute l'étendue de l'Empire, même celui du Mont-Genèvre ; les religieux de Cervara arrêtés et enfermés dans des citadelles ; leur supérieur, qui avait donné au public le signal de la rébellion, traduit devant une commission militaire. Il fut condamné à mort, mais ses amis obtinrent une commutation de sa peine en douze ans de détention.

(1) Il est permis de penser que le clergé aurait gagné à se montrer moins prudent. C'était du moins l'opinion du cardinal Pacca, que Bonaparte ne serait jamais devenu persécuteur de l'Église, s'il eût trouvé, dès le principe, plus de fermeté et de courage dans les évêques français et moins de condescendance dans la cour de Rome. Le cardinal observe cela dans ses Mémoires, à l'occasion de la manière singulièrement adoucie dont l'Empereur reçut les remontrances que lui adressa l'abbé Émery, au sein de la commission ecclésiastique nommée pour aviser aux moyens de se passer du Pape.

Quant à Dom Augustin, sur qui retombait notoirement la responsabilité de tout ce qu'on avait osé à Corvara et qui se faisait en outre le divulgateur audacieux de la bulle d'excommunication lancée par Pie VII contre Napoléon, toute la police de l'Empire fut mise à sa poursuite ; et comme on le supposait à la Val-Sainte, ne le trouvant pas en France, notre ambassadeur en Suisse reçut ordre de le faire arrêter et conduire à Genève où il serait traité en criminel d'Etat. Heureusement pour l'honneur de l'Empereur et grâce aux lenteurs calculées des autorités de Fribourg, Dom Augustin s'était enfui, la veille du jour où l'on fouilla pour le découvrir tous les coins de la Val-Sainte et de la Riedra. Sorti de la Suisse par Schaffhouse, il gagna Riga où il put s'embarquer pour l'Angleterre ; de là il se rendit dans les Etats-Unis où il avait déjà précédemment envoyé deux colonies de ses religieux.

Le décret de proscription ne devait atteindre que les Trappes situées sur le territoire de l'Empire ; mais comment voir d'un œil tranquille subsister cette maison de la Val-Sainte où l'Ordre avait, pour ainsi dire, ses racines ! A Fribourg, le Petit-Conseil eut le courage de refuser à l'ambassadeur français la suppression de ce monastère. Le Grand Conseil, à qui fut ensuite déférée la solution de cette affaire, n'était pas de force à braver l'Empereur ; il céda donc, mais non sans avoir protesté au nom de l'indépendance nationale et de la justice éternelle contre la violence qui lui était faite. Le gouvernement de

Fribourg, au reste, par la douce lenteur avec laquelle
il exécuta le décret, témoigna tout ensemble de sa
mauvaise humeur et de l'affection qu'il avait vouée
à ces hommes paisibles qu'on l'obligeait de disper-
ser. Grâce même à une bienveillante connivence de
l'autorité, un vénérable religieux, vêtu en prêtre
séculier, continua d'habiter le monastère, comme
pour le garder en attendant le retour de ses frères.
C'était le bon Père Etienne, une des figures les plus
intéressantes de la Trappe, celui qui avait été le
directeur de la princesse de Condé et de ses compagnes à Orcha ; le même qui devait, quelques années
plus tard, relever Aiguebelle de ses ruines.

Toujours bien disposé en faveur de la Trappe, cet
excellent Conseil de Fribourg trouva ensuite un
moyen ingénieux de sauver la Riedra. Affectant le
zèle et la sévérité, il se hâta de supprimer lui-même
cette maison, pour n'avoir pas à la supprimer plus
tard par ordre de l'Empereur. Le décret lancé, on
ferma les yeux sur son exécution ; de telle sorte que
la Riedra était encore debout et prospérait sans bruit
quand l'Empire tomba.

Les Trappistines de Valenton, dans le diocèse de
Versailles, furent conservées aussi par une singulière
protection de Dieu. Elles durent, à la vérité, quitter
leur retraite, mais pour se retrouver réunies en
secret, quelques jours après, dans une maison qu'on
leur donna au fond d'une cour, à Paris même. Là
elles pratiquèrent leur règle et chantèrent l'office
et la grand'messe tous les jours, pendant huit mois.

3

La police ne les découvrit pas; mais, craignant elles-mêmes de compromettre à la fin leur bienfaiteur, elles quittèrent Paris, les unes après les autres, pour se rejoindre encore dans un nouvel asile qu'on leur avait offert en Bretagne, aux environs de Tréguier. Ce fut cette communauté qui occupa ensuite Mondaye, ancienne abbaye de Prémontrés, à quelque distance de Bayeux; elle avait à sa tête Madame de Châteaubriand, cousine du grand écrivain.

Les Trappistes durent naturellement considérer comme une délivrance la chute de l'Empire; nous avons eu toutefois, en étudiant leur histoire, la satisfaction de constater qu'ils surent garder, en présence du nouvel ordre de choses, la réserve qui convient à leur état. D'autres occasions ne leur ont pas manqué depuis de pratiquer la même sagesse, et ils ne se sont pas démentis: qu'ils nous permettent de les en féliciter. Donc, tout en bénissant le pouvoir qui leur rendait le soleil et un peu de liberté sur cette terre de France où étaient leurs origines, ils ne se jetèrent pas à la tête du roi ni de ses ministres pour en obtenir des priviléges ou des indemnités; toutes leurs fondations se firent sans éclat, à la sueur de leur front, dans ces excellentes conditions de misère et de souffrance qui avaient marqué la naissance de la Val-Sainte aussi bien que celle de Cîteaux, et qui sont comme le sceau de Dieu sur les œuvres qu'il approuve. Ce fut, du reste, dans ces premiers temps de la Restauration que furent créés

ou rétablis la plupart des monastères français qui
appartiennent à la Congrégation de la Trappe. Qu'il
nous suffise de citer la Grande-Trappe, Aiguebelle,
Bellefontaine, Melleraye, Mondaye, les Forges, la
Trappe de Vaise, etc.

Dom Augustin, revenu d'Amérique, inspirait et
dirigeait toutes ces saintes entreprises. S'étant dé-
terminé à quitter la Val-Sainte, par suite de certaines
exigences du gouvernement de Fribourg qui s'était
mis dans l'esprit de transformer le monastère en une
sorte de pénitencier pour les jeunes gens vicieux,
il aurait été au comble de ses vœux, s'il eût pu
s'installer avec ses frères à Cîteaux ; mais on lui
demandait plus d'un million de francs de cette ruine.
Il eut du moins la consolation de recouvrer l'ancienne
Trappe du Perche qui avait donné son nom à la
réforme de M. de Rancé et d'où il avait été chassé
lui-même par la Révolution, vingt-cinq ans auparavant. Il y fixa sa résidence habituelle et y installa
une partie des religieux de la Val-Sainte. Les
autres, sous la conduite du vénérable Père Etienne,
s'établirent à Aiguebelle, ruine désolée qu'ils rele-
vèrent avec amour, parce que cette vieille abbaye
avait appartenu à Cîteaux et que saint Bernard
l'avait rendue sacrée en l'habitant pendant quelques
jours.

Presque toutes les Trappistines de la Riedra étaient
françaises. Ayant donc appris le départ de leurs
frères de la Val-Sainte, elles formèrent le vœu de
rentrer, elles aussi, dans leur patrie. Et elles se

partagèrent également entre deux maisons. Un premier groupe occupa le domaine des Forges, assez belle propriété composée de terres, de pâturages et de bois, que Dom Augustin leur avait préparée dans le voisinage de la Grande-Trappe. Les autres, après un essai malheureux de fondation à Frenonville, dans le Calvados, vinrent demander un asile à Lyon. Logées d'abord provisoirement et très à l'étroit dans un village attenant à la Croix-Rousse, ces saintes filles se concilièrent si bien l'affection générale qu'on s'empressa de leur venir en aide pour la création d'un établissement durable qui les fixerait au milieu de nous. Enfin, le 18 mai de l'année 1820, nos chères Trappistines prirent possession du monastère de Vaise, aux portes de Lyon. Toutes les Trappes sont consacrées à Marie et portent un de ses noms ; celle-là fut appelée gracieusement Notre-Dame de toute Consolation.

Ce fut là que Dom Augustin de Lestrange rendit sa grande âme à Dieu, le 16 juillet 1827. Il revenait de Rome. Etant de passage à Lyon, comme il se rendait à la Trappe de Vaise pour bénir ses filles, il entendit les cloches du couvent.

« Il me semble, dit-il à son compagnon, qu'on sonne pour un mort. » Quelques jours après, le saint vieillard quittait ce monde dans les plus vifs sentiments de confiance et de joie. La Mère de Dieu, qu'il avait toujours tendrement honorée et qu'il invoqua jusqu'à son dernier soupir, lui obtint sans doute cette abondance de consolations en présence de la

mort, comme pour témoigner à son fidèle serviteur
qu'elle agréait le doux nom que lui-même avait
donné à ce monastère. « De grands honneurs furent
rendus à la dépouille mortelle de cet ami de Dieu.
Les religieuses de Vaise, voulant préserver de la
corruption du tombeau la relique dont la Providence
leur confiait la garde, firent embaumer son cœur et
ses membres précieux. Le corps, revêtu des habits
religieux et la face découverte, fut exposé pendant
trois jours dans l'église à la vénération publique. La
foule se pressa à l'entour, pour contempler une
dernière fois cette belle figure que la sérénité d'une
mort paisible semblait avoir rendue encore plus
douce et plus majestueuse. On s'estimait heureux
d'emporter, comme un trésor de grand prix, quelques-
uns de ses cheveux blancs, quelques parcelles de ses
habits, du cordon de sa croix, ou même de sa
chaussure. Le 19 juillet, jour choisi pour l'inhu-
mation, un grand nombre d'ecclésiastiques et de
fidèles, aussi distingués par le rang que par la
piété, voulurent assister à la cérémonie suprême (1). »

Après la mort de leur saint fondateur qui était
allé intercéder pour elles auprès de Dieu, les
Trappistines de Vaise virent leur maison prospérer
de plus en plus et leur nombre s'accroître de telle
sorte qu'elles se trouvèrent bientôt trop à l'étroit. Ne
pouvant s'agrandir sur place, elles songèrent à faire
un établissement plus vaste et dans des conditions

(1) *Histoire de la Trappe.*

moins onéreuses que celles qu'il faut subir aux
portes d'une grande ville. La Révérende Mère
Victime, qui était alors prieure et qui tenait personnellement beaucoup à ce projet d'agrandissement,
fit d'abord quelques démarches en vue de se fixer
dans le voisinage du Puy. N'ayant pas abouti de ce
côté, elle cherchait autour d'Avignon, quand on lui
offrit, sur le territoire de Montélimart et à deux ou
trois heures d'Aiguebelle, une maison de campagne
agréablement située au pied d'un coteau planté de
vignes, de mûriers, de noyers et d'amandiers ; dans
la plaine, du côté du Rhône, des terres fertiles,
arrosées par deux petits cours d'eau, complétaient
ce beau domaine qui portait le nom de Maubec.
La prieure l'acheta tout entier. Son intention était
d'abord de transférer en ce lieu toute sa communauté, et sans perdre de temps, elle commença par
y amener plus de la moitié des sœurs. Mais ce
premier déménagement donna l'éveil sur une affaire
qui avait été jusque-là tenue secrète, et les Lyonnais
s'opposèrent très-vivement au départ de la seconde
caravane. Les gens pieux venaient dire aux Trappistines : — « Nous vous avons accueillies de grand
cœur, nous vous avons aidées à vous établir au
milieu de nous et nous tenons à vous comme on tient
à une garantie contre la foudre : vous n'avez plus le
droit maintenant de nous abandonner. » Mgr de Pins,
alors administrateur du diocèse, appuya fortement
ces réclamations et défendit aux communautés religieuses d'acquérir la maison de Vaise qui était

en vente. Des instances si justes, si honorables
d'ailleurs pour ces saintes filles, devaient réussir :
la seconde partie des sœurs continua donc de demeurer à Lyon pendant que la première s'installait
à Maubec ; et, au lieu d'une Trappe, il y en eut deux.
C'était sans doute le résultat qu'avait voulu la
Providence ; car, peu de temps après, les vocations
affluant, chacune de ces deux maisons fut plus nombreuse que ne l'était l'ancienne communauté avant
la séparation. Mais nous allons désormais laisser la
Trappe de Vaise et les autres poursuivre leurs
destinées que Dieu a bénies, pour ne plus nous
occuper que de Maubec. L'histoire de cette nouvelle
Trappe, qui remonte à l'année 1834, ne sera d'ailleurs
pas longue à raconter.

Elle est fortement marquée, dans ses commencements, de ce signe sacré de la croix qui est un gage
de la bénédiction divine. Les religieuses, au nombre
d'une cinquantaine, sous la conduite de la Mère
Victime, n'eurent d'abord pour se loger que l'ancienne habitation du domaine ; elles y simulèrent, le
mieux qu'il leur fut possible, une chapelle, un chapitre et les autres lieux réguliers. On travailla ensuite à la grande clôture qui devait former un cir-
cuit d'une lieue. Trop pauvres pour payer tous les
ouvriers nécessaires à cette immense construction,
car elles avaient employé tout leur argent à l'achat
de la propriété, les sœurs durent faire elles-mêmes
l'office de maçons. On raconte que les murs s'écrou-
lèrent plus d'une fois et qu'il fallut recommencer le

lendemain l'ouvrage de la veille. Là-dessus l'auteur
d'un manuscrit que nous avons sous les yeux se sent
pris d'une grande pitié qu'il ne nous est pas possible
de partager au même degré. Et peut-être ne nous
trompons-nous point en soupçonnant que la construction de la grande muraille ne compta jamais à
Maubec parmi les souvenirs les plus tristes. L'innocente gaîté de la Trappe aidant, la singularité même
d'un tel travail dut provoquer plus de sourires que
de larmes. A la vérité, cette occupation si nouvelle
put perdre quelque chose de son charme à se prolon-
ger trop longtemps. Quoi qu'il en soit, il y eut, dans
ces premiers temps, d'autres épreuves plus dignes
de compassion ; la pauvreté, par exemple, fut extrême, et plus d'une fois le pain manqua. Pour
achever, une maladie épidémique qui s'abattit sur
la communauté en éclaircit les rangs déjà bien peu
pressés ; l'infatigable supérieure fut de celles que la
mort enleva. Son œuvre passa, il est vrai, en des
mains capables de la mener à bonne fin ; on élut,
en effet, pour prieure, la Révérende Mère Clémence
que le libre choix de ses compagnes a depuis constamment maintenue au pouvoir. Le lecteur connaît
déjà cette excellente femme et la suite de cet ouvrage
la révélera mieux encore. Bien qu'elle soit toujours
de ce monde, nous voulons la louer ici sommaire-
ment pour son bon sens et sa bonté ; deux qualités
qui constituent sans doute une supérieure parfaite,
mais que l'on peut relever pourtant sans danger,
parce que c'est le propre de cette louange de ne pas

enfler ceux qui la méritent : elle leur inspire seulement une plus délicate circonspection dans la recherche du vrai et plus de tendresse encore dans le
dévouement (1).

Après la détresse des commencements, la divine
Providence fit luire des jours meilleurs. Peu à peu
tous les murs s'élevèrent et les vocations abondèrent;
tellement que l'on put, dès l'année 1852, détacher
une colonie qui fonda la Trappe de Blagnac, près de
Toulouse. Notre-Dame-de-Bon-Secours de Maubec
est aujourd'hui un vaste et solide monastère qui
abrite une centaine de religieuses. Grâce à Dieu, toutefois, ces saintes filles sont plus riches des biens du
ciel que de ceux de la terre. Leur domaine, quoique
fertile, est d'une exploitation très-coûteuse et leur
principale récolte, qui est celle des vers à soie, manque souvent; elles ont, de plus, de gros intérêts à
payer pour de vieilles dettes. Nous leur souhaitons
d'arriver bientôt et de savoir se tenir à ce point où le
strict nécessaire est dépassé, juste autant qu'il le faut
pour être à peu près assuré. En attendant, à voir
comment elles accueillent et traitent les pauvres de
Jésus-Christ, on pourrait les croire embarrassées de
beaucoup de superflu. Qu'elles soient bénies pour
cette charité ! Et aussi pour la tendresse maternelle

(1) Envoyée en 1868 à la Trappe de Notre-Dame-d'Espira,
la Révérende Mère Clémence y remplit les fonctions de
prieure jusqu'à sa mort qui arriva le 2 février 1874. Son
corps repose dans le cimetière de Maubec.

qu'elles prodiguent à trente ou quarante orphelines
reçues chez elles gratuitement et qu'elles gardent
jusqu'à dix-huit ans, les formant aux saintes habitudes de piété et de travail qui seront pour ces pauvres abandonnées la sauvegarde de leur vertu et la
meilleure consolation de leur vie (1).

II.

Des Constitutions et de la Règle des Trappistines.

La Trappe, dont l'austérité semble si peu proportionnée aux mœurs de notre siècle, a pourtant singulièrement prospéré depuis le jour où M. de Lestrange, fuyant devant l'orage révolutionnaire, trans-
porta au fond d'une paisible vallée de la Suisse cette
relique de l'ancien temps. La Val-Sainte, en effet,
où il n'y avait d'abord qu'une vingtaine de religieux,
a depuis, par elle-même ou par les maisons qu'elle

---

(1) Telle était la situation en 1864. Elle a tristement
empiré depuis cette époque. L'industrie des vers à soie est
à peu près ruinée et la vigne entièrement détruite. Les pauvres Trappistines de Maubec se trouvent, hélas ! fort en deçà
du point que nous leur recommandions de ne pas dépasser.
Mais elles bénissent Dieu et le servent avec ferveur dans
leur misère : *l'unique nécessaire* est sauvé. La douce Providence et la charité catholique pourvoiront au reste.

a fondées, donné naissance à cinquante monastères. Il y a de ces Trappes dans toutes les parties du monde ; le plus grand nombre toutefois appartient à la France et nulle part ailleurs elles ne fleurissent mieux, à cause peut-être d'une certaine conformité entre l'esprit qui les anime et notre caractère national qui est un heureux mélange de courage et de bonne humeur.

Bien qu'elles aient une dénomination commune et une physionomie à peu près identique, ces maisons religieuses forment cependant deux groupes distincts dont l'origine remonte à une scission qui s'opéra, peu de temps après le retour de Russie, entre la Val-Sainte et une de ses colonies établie à Darfeld, en Belgique. Les religieux de ce dernier monastère, autorisés d'ailleurs en cela par le Souverain-Pontife, se constituèrent en abbaye indépendante et revinrent en même temps à la Règle de la Trappe, telle qu'elle était avant le développement plus austère que lui avait donné dom Augustin. Darfeld eut ensuite, comme la Val-Sainte, sa fécondité, et c'est le point de départ des deux congrégations qui composent actuellement la Trappe sous le nom d'*Ancienne* et de *Nouvelle Réforme* (1).

Appartenant toutes les deux à l'Ordre de Cîteaux, également approuvées par le Saint-Siége qui a donné

(1) Le décret de séparation est du 25 février 1847. Les deux observances, qui n'avaient jusque-là formé qu'un même corps, applaudirent unanimement à une mesure qui écartait tout danger de discorde.

à chacune son organisation propre, elles ne diffèrent guère autrement que par quelques nuances dans la sévérité. Leur loi commune est la Règle de saint Benoît, légèrement mitigée dans l'*Ancienne Réforme* par les règlements particuliers de M. de Rancé, et ramenée dans la *Nouvelle Réforme* à la rigoureuse interprétation que lui donnèrent les premiers moines de Cîteaux (1). La principale différence est relative à la durée du travail des mains et à la manière de pratiquer le jeûne. Dans l'observance de M. de Rancé le travail des mains n'occupe que trois heures de la journée en toute saison pour les religieux de chœur; le repas n'y est jamais retardé au-delà de midi et demi et une légère collation est permise les jours de jeûne. Dans l'autre observance le travail des mains est de six heures environ en été et de quatre heures et demie en hiver; quant au jeûne, il consiste à ne faire absolument qu'un seul repas qui se prend vers les deux heures et demie depuis le 14 septembre jusqu'au Carême, et vers les quatre heures depuis le commencement du Carême jusqu'à Pâques. Chacune de ces observances a d'ailleurs son vicaire général et ses assemblées particulières. Dans l'*Ancienne Réforme* le vicaire général est élu tous les cinq ans; dans la *Nouvelle*, cette charge reste attachée au titre d'abbé de l'ancien monastère de la Trappe. Les abbés des

(1) C'est pour cette raison que la *Nouvelle Réforme* prend aussi, avec l'agrément du Saint-Siège, le nom plus exact de *Primitive Observance.*

différents monastères, élus par leurs frères, sont confirmés à Rome par le président général de l'Ordre de Cîteaux (1).

Les Cisterciennes d'autrefois, bien qu'elles fussent dans une certaine dépendance vis-à-vis de leurs évêques et de l'abbé de Cîteaux, formaient néanmoins des Congrégations particulières qui avaient leur hiérarchie, et dont les supérieures s'assemblaient en chapitre général (2). Les décisions de

(1) Pour être plus exact, nous devons dire que les Trappes de la Belgique, tout en suivant, sauf quelques légères modifications, les règlements de M. de Rancé, forment néanmoins une congrégation particulière. Ajoutons qu'il y a en Angleterre et en Amérique quelques maisons qui n'appartiennent à aucune Congrégation et dépendent uniquement de leurs évêques respectifs ; Notre-Dame de Stapel-Hill, par exemple, dans le diocèse de Northampton, monastère fondé en 1801 par Mme de Chabannes, à la tête d'une partie des religieuses qui revenaient de Russie. — Si l'on souhaitait plus de détails sur l'organisation et sur l'état actuel des Congrégations de la Trappe, on les trouverait dans un précieux appendice ajouté au second volume des *Annales d'Aiguebelle*, par un religieux de cette abbaye ; sérieuse et intéressante histoire que les érudits ont goûtée, et qui aurait obtenu un succès plus général entre les mains de gens moins inexpérimentés que les bons Pères Trappistes dans l'art de publier un livre.

(2) Les chapitres généraux cessèrent, aussi bien que l'exercice du droit de visite par les abbesses en personne, après les prescriptions rigoureuses du concile de Trente sur la clôture des religieuses. On se persuade aisément que ce ne fut pas un malheur quand on se rappelle, par exemple, les excentricités de pouvoir qu'inspirait aux abbesses de Sainte-Marie-la-Royale, près de Burgos, le sentiment de

Rome ont fait aux Cisterciennes modernes une situation qui sauvegarde mieux leur humilité. Elles font
partie de la Trappe et appartiennent, suivant leur
filiation, à l'*Ancienne* ou à la *Nouvelle Réforme*, mais
sans être exemptes pour cela de la juridiction épis-
copale; en sorte que, tout en conservant le droit
d'être gouvernées selon leur Règle et leurs Constitutions, elles vivent sous deux influences, ou plutôt
elles sont entourées d'une double protection. Voici,
en effet, sur ce point, les articles préliminaires des
Constitutions :

« Art. 1. En vertu du décret du Saint-Siége, du
3 octobre 1834, les religieuses dites Trappistines
appartiennent à la Congrégation de Notre-Dame de
la Trappe. (Il n'y avait alors qu'une seule Congrégation). Elles sont néanmoins, d'après le même décret,
sous la juridiction des seigneurs évêques dans les
diocèses desquels leurs maisons sont établies.

« Art. 2. La direction spirituelle des susdites religieuses est confiée, par le même décret, aux religieux de la même Congrégation ; en conséquence,
chacune de leurs maisons aura, outre le confesseur
ordinaire, un *Père immédiat* que l'évêque choisira et
leur donnera pour le temps qu'il jugera à propos.

leur suprématie sur toutes les Cisterciennes d'Espagne. Il
est vrai que la tentation d'orgueil s'accroissait ici en pro-
portion des immenses richesses et prérogatives du monastère et de la qualité des abbesses qui étaient presque toujours filles de roi. On peut voir là-dessus quelques détails
curieux dans Helyot.

Les confesseurs ne pourront, sous aucun prétexte, s'immiscer dans aucune affaire étrangère à leurs fonctions. (Le décret du 25 février 1847 ajoute que les évêques pourront envoyer pour confesseurs extraordinaires même des prêtres séculiers).

« Art. 3. Le Père immédiat sera chargé de faire observer la Règle et les Constitutions, et veillera soigneusement à ce qu'il ne s'introduise aucun abus ou changement de la part des religieuses. Il proposera à l'évêque les sujets qu'il jugera les plus propres à remplir la charge de confesseur ordinaire. Il accompagnera avec celui-ci l'évêque et le Père Vicaire général dans les visites qu'ils feront du monastère. Il sera présent à l'élection de la supérieure. Il se souviendra, dans l'exercice de sa charge, d'agir toujours dans la dépendance de l'évêque dont il tient la place ; aussi aura-t-il soin de s'informer toujours de ses intentions et de s'y conformer exactement, lui rendant compte de l'administration du spirituel et du temporel de la maison.

« Art. 4. L'évêque fera la visite tous les trois ans ou plus souvent, s'il le croit nécessaire. Il sera accompagné, dans la clôture, du Père immédiat, du confesseur et des personnes de son clergé qu'il jugera à propos d'y admettre.

« Art. 5. Outre la visite triennale de l'évêque, le Père Abbé vicaire général en fera une tous les ans, soit par lui-même, soit par son mandataire. Les *Cartes de visite* seront communiquées à l'Ordinaire, avec lequel le Père visiteur concertera toutes les dispositions qu'il pourrait être nécessaire de faire pour le meilleur gouvernement du monastère. Toutes les résolutions arrêtées en commun seront exécutées au nom de l'évêque. »

Il eut été difficile, selon nous, de concilier d'une manière plus satisfaisante les droits des évêques et les légitimes désirs de la Trappe (1). En pratique, si nous sommes bien informé, tout se fait dans le meilleur accord. D'une part, les évêques qui ont dans leurs diocèses des Trappistes ou des Trappistines, traitent avec une bonté paternelle ces enfants de prière et de sacrifice, s'estimant heureux de pouvoir présenter à Dieu de si pures prémices de leur troupeau. De leur côté, ces religieux fervents, qui renouvellent parmi nous les mœurs de l'Église primitive, s'inclinent aisément devant l'évêque comme devant le *Père de leurs âmes*, ainsi que les chrétiens d'autrefois se plaisaient à le nommer.

Après avoir considéré l'autorité extérieure pré-

---

(1) Les Trappistes eux-mêmes, bien qu'exempts en principe, sont pourtant soumis à la juridiction des évêques agissant ici, il est vrai, comme simples délégués du Saint-Siége, ainsi qu'il est statué dans le décret du 25 février 1847, article X. — Autant que nous en pouvons juger, c'est un grand avantage pour les ordres religieux en France, particulièrement au point de vue de leur sécurité vis-à-vis de l'État, de dépendre plus étroitement des évêques qui sont engagés par cela même à les protéger et à les défendre avec plus de sollicitude ; ce qu'ils peuvent faire d'ailleurs mieux que personne, à cause de leur position officielle et des égards que leur doit le gouvernement civil.

posée par l'Eglise à la direction et à la défense des couvents de Trappistines, il nous faut maintenant pénétrer dans ces saintes maisons.

Le lecteur sait déjà que les Trappistines, ainsi que beaucoup d'autres religieuses, vivent entièrement séparées du monde et renfermées dans leur solitude comme dans une enceinte fortifiée ; mais il faut lire le premier chapitre de leurs Constitutions pour apprendre avec quel luxe de précautions elles se cachent à tous les yeux :

« Que personne, de quelque âge, condition et sexe qu'il soit, n'entre jamais dans la clôture qu'avec la permission de l'Evêque, qui la donnera chaque année à la supérieure pour les cas plus communs ; par exemple, de faire entrer les confesseurs, les chirurgiens, les porte-faix, les maçons et autres ouvriers. — Les étrangers, quels qu'ils soient, ne doivent rester dans la clôture que le temps qu'ils y sont nécessaires et pour les choses seulement qui ont exigé leur entrée. — On ne doit jamais, sous quel prétexte que ce soit, entretenir les étrangers dans la clôture sans une vraie nécessité. — Aucune sœur, soit supérieure soit officière, ne doit s'entretenir dans l'intérieur de la clôture avec une personne du dehors sans être accompagnée d'une religieuse qui ne la quittera pas un moment. — Quand il entrera quelque séculier, il sera toujours accompagné de deux sœurs ; la plus jeune marchant la première et sonnant une clochette, la plus ancienne marchant par derrière ; elles seront toutes deux voilées. — Deux sœurs resteront à la porte de clôture lorsqu'on sera dans le cas de l'ouvrir ; elles ne s'en éloigneront pas un instant tant qu'elle sera ouverte et ne se quitteront point. — S'il faut alors accompagner quelque séculier, cet office sera rempli par d'autres religieuses. — Toutes celles qui entendront la clochette, où qui apercevront un séculier, se retireront pour n'être pas vues ; ce qui s'observera de même à l'égard du confesseur. — Lorsqu'une sœur se confessera à l'infirmerie, ce sera dans un lieu patent, de manière à pouvoir être en vue. Personne ne profitera alors de l'entrée du confesseur pour l'entretenir, si ce n'est des besoins ou de l'état de la malade. — Le confesseur ne doit entrer que dans les cas suivants : pour confesser les malades alitées, pour administrer l'Extrême-Onction et le saint Viatique, pour aider les malades à bien mourir, pour porter la sainte communion aux infirmes qui ne peuvent quitter l'infirmerie, et pour les sépultures. — Si, dans quelque cas extraordinaire, il était obligé d'entrer la nuit, il sera accompagné de deux sœurs dont une portera un flambeau devant lui. — Quand la visite se fera par le R. P. Vicaire général, il pourra avoir deux religieux pour l'accompagner dans la clôture ; si c'est un autre, il n'aura qu'un compagnon. Le Visiteur doit avoir en outre quatre religieuses anciennes qui ne le quittent pas. — Que les sœurs sachent qu'après leur profession, il ne leur sera jamais permis, pendant toute leur vie, de sortir de la clôture du monastère, excepté dans les cas suivants : si, pour quelque raison grave, elles sont

envoyées par les supérieurs majeurs en un monastère de l'Ordre, momentanément ou à perpétuité;
pour faire une fondation; pour éviter quelque grand
danger, comme un incendie, une inondation, une
maladie contagieuse, etc. » Viennent ensuite des
prescriptions minutieuses sur les *tours* au moyen
desquels on fait passer les choses nécessaires au
monastère. Puis il est question du parloir : — « Pour
les cas où l'on sera obligé de parler avec les gens du
dehors, il y aura un parloir, dans lequel un petit
tour pour passer l'argent, les papiers et autres choses qui regardent l'office de la cellerière. Il y aura
dans ce même parloir une grille de fer ou de forts
barreaux de bois dont les ouvertures auront deux
pouces carrés; et à neuf pouces de cette grille, du
côté des religieuses, seront placés des barreaux éloi-
gnés d'un pouce et demi les uns des autres; puis
enfin un châssis de bois, auquel sera cloué un voile
noir d'épaisseur convenable. Le châssis et la porte
du parloir fermeront à clef; la supérieure gardera
les clefs. On pratiquera encore dans la grille une
petite fenêtre fermant à clef, qui servira pour consulter le médecin, quand les infirmes pourront s'y
rendre. Le parloir sera toujours fermé quand il ne
sera pas occupé, afin qu'on sache qui y va. — On ne
contraindra pas les novices à voir leurs parents,
mais on les engagera à leur écrire avant la prise
d'habit et la profession. Elles pourront néanmoins
voir leurs parents au parloir, afin que, si elles ont
quelque doute ou quelque peine au sujet de leur voca-

tion, elles soient à même de le leur déclarer ; car ce qu'on désire, c'est que leur engagement soit entièrement libre ; c'est pour cette raison qu'elles leur parleront seules. — Quant aux professes, elles se souviendront que leur saint état étant une entière séparation du monde, il doit leur inspirer beaucoup d'éloignement pour le parloir. Mais, parce qu'il est difficile de persuader cette doctrine aux gens du siècle, elles pourront parler à leurs parents jusqu'au second degré inclusivement, deux fois l'an seulement ; et celles qui seraient dans l'impossibilité de voir leurs parents, pourront y suppléer par lettres, sans excéder le nombre de deux fois. — Les professes qui iront au parloir auront toujours une compagne avec elles qui entendra la conversation, mais qui ne parlera pas ; on n'y enverra jamais deux jeunes sœurs ensemble. — On ne restera jamais dans les parloirs pendant les offices et l'oraison, et l'on n'y pourra demeurer plus d'une demi-heure, à moins que la supérieure ne juge à propos de dispenser de ces articles pour des cas particuliers. Comme aussi, s'il s'agit d'affaires de conscience, ou quelque autre circonstance semblable, la supérieure pourra laisser une sœur au parloir sans compagne. — Le châssis du parloir ne s'ouvrira que pour nos seigneurs les évêques, pour les abbés et supérieurs de l'Ordre et d'autres personnes de considération, comme aussi pour les père et mère, frères et sœurs des personnes de la maison. »

Voilà certes un camp bien gardé contre toute sur-

prise. On ne trouvera pas cependant ces prescriptions excessives, si l'on se rappelle avec quelle gravité, j'ajouterais presque avec quelle émotion, les
Pères du saint concile de Trente adjurent les évêques de rétablir la clôture des religieuses partout où
elle est tombée et de la conserver avec un soin infini
là où elle s'est maintenue : ils vont jusqu'à citer
devant le tribunal de Dieu et à menacer de malédic-
tion éternelle les prélats qui négligeraient ce point
de discipline. Mais pourquoi tant de précautions ?
S'agit-il uniquement de sauvegarder la vertu et la
réputation de ces saintes filles ? Non, sans doute ; ce
serait une pruderie ridicule et odieuse. Nos Sœurs
des malades et des pauvres et nos Sœurs des écoles,
mêlées à notre vie, exposées à tous les regards, ne
sont-elles point protégées par la divine charité qui
leur sert de voile et de clôture, comme saint Vincent
de Paul le disait si bien à ses filles ? Mais, pendant
que les prêtres, les Ordres voués à l'action et les
gens de bien avec eux s'fforcent de soutenir au milieu du monde la cause de Dieu, il est des âmes
innocentes que le bruit de cette mêlée attriste et qui
s'en vont dans la solitude penser aux années éternelles et commencer sur la terre la vie du ciel. Et
celles-là l'Eglise les estime comme son plus bel orne-
ment et sa meilleure protection ; c'est pourquoi,
jalouse de les conserver, elle empêche avec une sorte
de sollicitude inquiète tout ce qui pourrait troubler
leur prière et les faire descendre des hauteurs où il
faut qu'elles se tiennent. Qu'ont-elles à faire avec

les hommes, sinon de souffrir et d'intercéder pour eux ? La notion même d'un Ordre pénitent et contemplatif porte avec elle une idée d'isolement ; et, à ce point de vue, plus la clôture sera rigoureuse, plus elle sera logique.

Il n'est pas jusqu'à cette formidable invention des parloirs de la Trappe qui ne nous semble justifiable, à raison même de l'expérience que nous en avons faite. Allez à la grille d'un cloître moins austère ; vous n'avez devant vous qu'une légère barrière en bois ou en fer avec un rideau d'une couleur supportable ; un peu de conversation est possible. Mais, si vous vous présentez au parloir d'une Trappe, en attendant qu'on aille chercher les gens que vous demandez et que toutes les permissions et sûretés soient bien prises, vous avez d'abord tout le temps de lire et de méditer des sentences écrites sur les murs, qui vous avertissent, par exemple, que vous devez *mettre sur vos lèvres une porte de circonspection*, que vous aurez à *rendre compte de toute parole inutile*, etc. Puis vous prêtez une oreille inquiète, et, des profondeurs de ces immenses demeures habitées par un peuple nombreux, il ne vous arrive pas le moindre bruit ; c'est le royaume du silence. Après cette préparation si peu faite pour vous mettre en verve, une porte s'ouvre enfin très-discrètement et une voix très-douce, mais qui semble venir de l'autre monde, vous dit : *Benedicamus Domino.* A quoi vous répondez : *Deogratias !* et l'entretien commence. Mais causez donc à votre aise avec un revenant, épanchez votre esprit et votre cœur au travers de tous ces engins ! Vos yeux qui cherchent instinctivement la physionomie de votre interlocutrice se heurtent constamment contre cette double grille compliquée d'un drap de mort. De plus, bien qu'on vous parle gracieusement, vous êtes à peu près certain qu'on est là par obligeance et qu'on ne sera point trop fâchée quand vous serez parti ; au fait, votre conscience vous dit que vous êtes un profane. Bref, la conversation se soutient comme elle peut et vous en êtes à répéter la même chose pour la seconde ou la troisième fois, quand votre demi-heure touche à sa fin. Les communications sont donc extrêmement laborieuses ; mais c'est là précisément l'effet qu'on a voulu produire, et c'est pourquoi ce genre de parloir nous paraît ingénieusement imaginé.

Le respect que nous professons pour la clôture de la Trappe ne nous empêchera pas cependant de la franchir en esprit pour révéler le mystère qu'elle renferme. Cette famille religieuse présente d'abord, comme les autres couvents, un aspect varié, certaines nuances dans le costume destinées à caractériser les différentes classes de personnes. Il y a 1° les *Religieuses de chœur* qui mettent la main à l'ouvrage comme les autres, mais qui sont plus spécialement consacrées au culte de Dieu et au chant de l'office divin. Leur costume, tout en laine, se compose d'une robe blanche attachée à la taille par une ceinture de cuir, d'un scapulaire noir et d'un voile de même couleur ; voilà pour le travail. Hors ce temps, elles mettent par-dessus la *coule*, habit de chœur et de cérémonie; c'est une longue robe flottante, à manches larges, toute pareille à celle que portent les Trappistes et qui rappelle par sa forme l'ancienne toge romaine.

2° Les *Novices* de chœur qui suivent tous les exercices des professes. Leur voile et leur scapulaire sont blancs et, au lieu de la coule, elles portent un manteau de laine blanche.

3° Les *Converses*, plus spécialement destinées au travail des mains et exemptes du chant de l'office. Leur costume diffère de celui des religieuses de chœur par la couleur qui est brune; leur voile est noir. Elles sont enveloppées, en dehors du travail, d'un manteau semblable pour la forme à celui des novices de chœur.

4° Les *Novices* converses qui n'ont point de manteau et portent le voile blanc.

5° Les *Postulantes*, soit pour le chœur soit converses, qui suivent les exercices communs avec l'habit séculier.

6° Enfin, les *Sœurs données*. Ce sont de pieuses filles qui se donnent à la communauté, ainsi que leur nom l'indique, mais sans se lier par des vœux et sans suivre la Règle dans sa rigueur. On les traite d'ailleurs comme des enfants de la maison. De leur côté, elles se rendent utiles et l'on prend parmi elles les tourières, les commissionnaires. Leur costume noir diffère peu de l'habit séculier.

Toute cette famille obéit à la Révérende Mère qui

est abbesse ou simplement prieure ; ces deux titres diff*rent un peu par la dignité, non par le pouvoir.

Pour bien comprendre les prérogatives de cette autorité qui règne sur le cloître, il nous sera utile de prendre d'abord connaissance du chapitre de la Règle de saint Benoît sur l'obéissance (1).

« L'obéissance, qui est ponctuelle et qui ne connaît point de retardement, est le premier degré de l'humilité. Elle est propre à ceux qui préfèrent Jésus-Christ à toutes choses et qui, par la considération de l'engagement saint qu'ils ont pris à son service, ou par la crainte des peines, ou par le désir de la gloire éternelle, obéissent dans le moment et avec autant de promptitude, lorsque le supérieur leur ordonne quelque chose, que si son ordre émanait de Dieu. C'est de ceux-là que le Seigneur a dit : « Aussitôt qu'il a entendu ma voix, il a obéi (Ps. 17). » Et, en un autre endroit, il dit des supérieurs : « Celui qui vous écoute m'écoute (Math. 10). » Ce sont ceux-là qui, se quittant eux-mêmes, renonçant à leur volonté propre et retirant la main sans achever l'ouvrage dont elle était occupée, rendent une obéissance si précise et si prompte à la voix de celui qui leur commande, qu'il n'y a point d'intervalle entre la parole du maître et l'action du disciple ; en sorte

(1) Dans nos citations de la Règle de S. Benoît, nous suivons une traduction exacte, mais peu élégante, qui est en usage dans les monastères de la Trappe.

que ces deux mouvements se rencontrent tout à la fois dans ceux qui ont la crainte de Dieu et qui aspirent à la jouissance de la vie éternelle. C'est ainsi qu'ils entrent dans la voie étroite, selon ces paroles du Seigneur : « La voie qui mène à la vie est étroite (Math.) » et que, se détachant de leur propre esprit et se mettant au-dessus de leurs désirs et de leur cupidité, ils s'abandonnent sans réserve à la direction et à l'autorité d'un autre et ne souhaitent rien davantage que de s'assujétir dans le monastère à un abbé qui les conduise. Ce sont ceux-là sans doute qui imitent l'exemple de Notre Seigneur Jésus-Christ qui dit : « Je ne suis pas venu pour faire ma volonté, mais pour accomplir celle de mon Père qui m'a envoyé. »

« Mais cette obéissance dont nous parlons ne sera ni reçue de Dieu ni agréable aux hommes, si l'on n'exécute ce qui est commandé sans délai, sans hésiter, sans tiédeur, sans murmure et sans nulle parole qui marque que l'on ne veuille pas se soumettre. Car c'est à Dieu même que l'on obéit dans la personne des supérieurs, puisqu'il a dit : « Celui qui vous écoute m'écoute. » Et c'est un devoir dont il faut que les disciples s'acquittent de la plénitude de leur cœur, parce qu'il n'y a que celui qui donne avec joie qui plaise à Dieu (II. Cor. 9). »

Ainsi, dans la pensée de saint Benoît, qui est d'ailleurs celle de tous les fondateurs d'Ordres et de l'Église elle-même, le religieux est un homme qui veut aller à Dieu par la voie la plus étroite, la plus prompte et la plus sûre : en conséquence, se défiant de l'aveuglement de son esprit et de la corruption de sa volonté, c'est-à-dire véritablement humble, il abdique avec joie sa liberté entre les mains d'un supérieur qui représente Jésus-Christ et qui lui enjoindra à toute heure ce qu'il doit faire pour devenir spirituel et parfait. Et il doit obéir de la plénitude de son cœur et si promptement *qu'il n'y ait point d'intervalle entre la parole du Maître et l'action du disciple.* La discipline militaire n'est pas plus exacte. Et certes, si l'abnégation du soldat, inspirée par le patriotisme et par le désir de la gloire, est digne de louange, nous n'avons pas besoin de justifier ici l'abnégation religieuse embrassée librement en vue de plaire à Dieu, de servir sa cause et de gagner le ciel.

Mais, en partant de cette souveraine estime que l'on fait de l'obéissance dans toutes les communautés religieuses et dans la famille bénédictine en particulier, il est clair qu'il ne faut pas s'attendre à trouver là des garanties exagérées en faveur de la liberté. L'autorité n'y doit pas être trop entravée, puisqu'elle s'exerce sur des gens qui ont soif d'obéir et qui prendraient volontiers une vexation pour une bonne fortune. D'autre part cependant, le despotisme et l'arbitraire sont chose abominable et Dieu veut que le bien se fasse dans l'ordre et la justice. Il faut donc dans les couvents un système de gouvernement qui assure fortement l'obéissance et qui en laisse le mérite aux inférieurs, tout en imposant aux supé-

rieurs la modération et la sagesse. Or, ce problème
nous semble heureusement résolu dans les Constitutions de la Trappe ; le lecteur va en juger.

D'abord la supérieure est librement choisie par la
communauté. Si le droit de suffrage n'est pas uni-
versel, il appartient du moins à toutes les religieuses de chœur sans exception. L'élection se renou-
velle tous les trois ans. La supérieure, après son
premier triennal, peut être confirmée dans sa charge,
avec le consentement de l'évêque, pourvu qu'elle
réunisse les deux tiers des suffrages ; après le second
triennal, il lui faut l'unanimité des voix.

Comme on doit bien le présumer, les élections ne
sont pas précédées de pourparlers et de discussions
qui troubleraient la paix du cloître sans aucune
utilité, puisque toutes les sœurs se connaissent déjà
parfaitement entre elles.

Après avoir élu la supérieure, on lui adjoint,
toujours par voie d'élection, un *conseil* composé au
moins de deux sœurs qui ne pourront exercer dans
le monastère aucun autre emploi.

La Mère supérieure conférera avec les sœurs
conseillères au moins une fois le mois, et dans toutes
les occasions où elle aura besoin de conseil pour les
affaires temporelles et spirituelles de la maison.
Quoiqu'elle ne soit point obligée de s'en tenir absolument à leur avis, elle doit toujours les écouter
tranquillement et avec bonté, leur laissant la pleine
liberté de dire tout ce qu'elles croiront être pour le
bien. Si les sœurs conseillères s'apercevaient que la

supérieure prît une résolution qui pût avoir de fâcheuses suites ou fût manifestement nuisible, elles en avertiraient le Père immédiat et même l'Evêque le plus directement possible, afin qu'on y remédiât. Du reste, elles doivent toujours être les plus humbles, les plus soumises et les plus obéissantes de toutes à leur supérieure.

Dans les affaires de légère importance la Révérende Mère se contentera de prendre l'avis des conseillères. Mais, dans celles qui seront d'une plus grande conséquence, elle consultera le Chapitre qui se compose de toutes les professes de chœur. Les affaires importantes sont les ventes, achats, permutations ou autres contrats concernant les biens du monastère; les constructions ou démolitions d'édifices considérables, les fondations d'offices ou prières à perpétuité, les emprunts, les procès et autres choses semblables qui intéressent grandement la communauté.

Toutes les conventions importantes doivent être soumises au Père immédiat, et par lui à l'Evêque auquel il appartient de les ratifier. Elles ne pourront donc être mises à exécution sans cette approbation qui se donnera par un écrit authentique contresigné du secrétaire de l'Evêché.

Quant à la manière de prendre l'avis des sœurs au Chapitre, la Révérende Mère fera connaître brièvement la chose dont il s'agit et exposera les principales raisons *pour* et *contre*. Elle interrogera ensuite toutes les religieuses, en commençant par les plus jeunes.

Les religieuses répondront avec toute sorte d'humilité, mais sans jamais déguiser leurs véritables sentiments par aucune considération humaine. Il leur sera permis de s'expliquer en toute liberté, pourvu que ce soit toujours avec la modestie qui convient à leur état. La supérieure, après les avoir entendues toutes et pesé mûrement leurs raisons, pourra annoncer la résolution et les motifs qui la déterminent, si elle le juge à propos, ou prendre du temps pour y réfléchir encore davantage et consulter Dieu dans le silence et l'oraison.

Il ne faut pas confondre ces sortes de délibérations capitulaires avec les suffrages que l'on donne pour la prise d'habit et la profession ; auxquels cas la supérieure doit toujours s'en tenir aux voix de la communauté. Les suffrages se prendront alors par scrutins secrets; il suffira de la pluralité des voix pour l'admission à la prise d'habit, mais il faudra les deux tiers pour la profession. Cette décision de la communauté assemblée en Chapitre est encore nécessaire dans le cas où la supérieure voudrait renvoyer une sœur pendant le cours de son noviciat.

Après avoir ainsi défini les droits de la supérieure et ceux de la communauté, les Constitutions ajoutent cette remarque : « Tout ceci est parfaitement conforme à la Règle de saint Benoît qui ne donne au Chapitre que le droit de représentation et de conseil (excepté, comme nous l'avons vu, en ce qui regarde l'admission ou le renvoi des sujets), mais aussi les supérieures ne doivent pas abuser de l'autorité qu'il leur accorde, ni suivre leurs propres idées au détriment de la justice ou de la charité. Elles ne doivent jamais perdre de vue la grande et salutaire vérité que le grand saint Législateur leur rappelle si souvent, savoir : « qu'elles rendront compte à Jésus-Christ de toute leur administration. »

Et combien d'autres belles leçons elles peuvent recueillir de la bouche de leur vénéré Père sur l'art de gouverner ! Quel saint désir doit les prendre de devenir de plus en plus sages et bonnes, quand elles méditent, par exemple, cette page admirable : « Il faut que l'abbé, après sa nomination, pense incessamment à la pesanteur du fardeau dont il a été chargé, et à qui il doit rendre compte de son administration ; et qu'il soit persuadé qu'il est établi, non pas tant pour présider, que pour être utile à ses frères. — Il doit donc être instruit dans la loi divine, afin qu'il sache et qu'il ait en lui comme une source, de laquelle il puisse tirer les vérités et les maximes anciennes et nouvelles dont il doit se servir pour l'instruction de ses frères. Il faut aussi qu'il soit chaste, sobre, charitable, et qu'il fasse paraître dans toute sa conduite plus de douceur que de sévérité, afin qu'il trouve en Dieu, pour lui-même, la même bonté qu'il aura eue pour les autres. Il haïra les vices, mais il ne laissera pas d'aimer ses frères. Il se conduira dans les corrections avec prudence et n'y commettra aucun excès, de crainte qu'en voulant trop ôter la rouille du vase et le rendre trop net, il ne le rompe. Qu'il ne perde jamais de vue sa propre fragilité, et qu'il se souvienne qu'il est défendu d'achever de briser le roseau déjà rompu. — Qu'il s'étudie beaucoup plus à se faire aimer qu'à se faire craindre. Qu'il soit posé dans sa manière d'agir; qu'il ne soit ni inquiet, ni excessif, ni opiniâtre, ni jaloux, ni trop soupçonneux ; car, autrement il n'aura jamais de repos. — Qu'il soit prévoyant et considéré dans tous ses ordres, dans les choses qui regardent Dieu comme dans celles qui regardent le monde, et qu'il ait, lorsqu'il ordonne quelques emplois et quelques travaux, tout le discernement et toute la modération nécessaires, imitant la discrétion du saint patriarche Jacob qui disait : *Si je fais marcher mes troupeaux plus qu'ils ne peuvent, ils mourront tous en un jour.* Ainsi, suivant cet exemple de discrétion, qui est la mère de toutes les vertus, et d'autres exemples semblables, qu'il fasse toutes choses avec tant de règle et de mesure, que les forts les puissent désirer et que les faibles ne tombent point dans le découragement. Surtout qu'il observe et fasse observer cette règle dans tous ses points ; afin que, s'étant fidèlement acquitté de son ministère, il entende de la bouche du Seigneur ces paroles qu'il dit à ce serviteur fidèle qui avait distribué la nourriture dans le temps à ceux qui avaient travaillé avec lui : *Je vous dis en vérité, il donnera à ce serviteur le gouvernement sur tous ses biens* (1). »

(1) Règle de saint Benoît, ch. 64.

Une supérieure de Trappistines ne saurait donc
être mieux renseignée sur ses devoirs. Il n'en est
pas moins vrai qu'elle dispose, comme nous l'avons
vu dans les Constitutions, d'une autorité à peu près
absolue, en ce sens du moins qu'elle n'est point
contrôlée par ses inférieures ; c'est par là que ce
régime donne pleinement lieu à l'obéissance qui est
comme l'essence de la vie religieuse. Et toutefois ce
pouvoir est garanti d'une autre manière contre les
excès auxquels il pourrait se porter.

Il est d'abord électif et temporaire ; de telle sorte
qu'il ne peut s'établir que par le libre consentement
de la majorité et qu'il ne peut se perpétuer qu'à la
condition de se concilier l'unanimité des suffrages.
De plus, il est soumis lui-même, ainsi que nous
l'avons déjà fait voir, à des pouvoirs plus élevés qui
le surveillent activement. C'est, d'une part, le Père
immédiat, chargé de faire observer la Règle et les
Constitutions et de veiller à ce qu'il ne s'introduise
aucun abus ; puis le Vicaire général de la Trappe
qui fait une visite chaque année, examine toutes
choses et rédige un rapport qu'il communique à
l'Evêque, avec lequel il doit concerter les mesures
qu'il pourrait être bon de prendre. C'est, d'autre
part, l'Evêque lui-même qui fait sa visite tous les
trois ans, ou plus souvent, s'il le croit nécessaire ;
qui préside aux élections et examine les vocations,
soit en personne soit par un délégué ; qui enfin
ratifie tous les actes importants. Ajoutons encore
que, dans l'intervalle des visites, les sœurs peuvent

correspondre librement avec l'Evêque, aussi bien qu'avec le Vicaire général de la Trappe et le Père immédiat.

Au reste, si les évêques et les supérieurs réguliers font très-sagement, à notre avis, d'user sérieusement de tous leurs droits de contrôle, soit en vue de prévenir le mal, soit afin de pouvoir, au besoin, témoigner de ce qui se passe dans les cloîtres, nous savons aussi qu'ils n'ont eu généralement jusqu'à présent à intervenir chez les Trappistines que pour s'édifier eux-mêmes du spectacle qui leur y est donné. La tâche de l'autorité ecclésiastique est facile dans ces maisons pauvres et ferventes où l'on travaille beaucoup et où l'on ne parle pas. Les consciences y sont délicates et les fautes promptement réparées. La paix n'y saurait être troublée que par des nuages légers bientôt dissipés; car une vie héroïque comme celle de la Trappe ne peut se maintenir sans une abondante onction de la grâce divine, et c'est le premier effet de la grâce d'attendrir et de dilater les cœurs, ainsi que nous le voyons dans le Livre des Actes, où la joyeuse charité qui unissait entre eux les premiers chrétiens semble devenir plus vive après chaque nouvelle effusion de l'Esprit de Dieu sur leurs assemblées. C'est bien là aussi ce que chacun de nous éprouve à ses heures de conversion ou de plus grande ferveur, et cette expérience personnelle nous fait sentir combien la religion de Jésus-Christ mieux pratiquée serait favorable à la concorde sociale et à la vraie civilisation, puisque, non-seulement par ses préceptes, mais aussi par une influence surnaturelle qui triomphe de notre égoïsme natif, elle tend à faire de tous les hommes une seule famille dont Dieu serait le Père. A la Trappe, l'Esprit-Saint, constamment sollicité par des mœurs innocentes et par l'agréable odeur de tant de prières et de sacrifices, se plaît à demeurer dans les cœurs et à les incliner doucement les uns vers les autres, inspirant aux inférieures, à l'égard de celle qui les conduit, tous les sentiments de la piété filiale, et donnant à la supérieure les entrailles d'une vraie mère. Et c'est ainsi que la divine charité, bien mieux que les précautions de la prudence humaine, résout le problème de la paix dans une maison de femmes. L'écheveau ne s'embrouille-t-il pas quelquefois ? Peut-être ; mais il faut absolument qu'il se débrouille avant la fin du jour, pour obéir à cette divine parole : « Que le soleil ne se couche point sur votre colère. »

Nous devons dire maintenant comment la Mère et ses filles, marchant ensemble vers un même but divin, emploient le temps à la Trappe. Il suffira de présenter le tableau d'une journée pour faire connaître toutes les autres, car la discipline est invariable ; et peut-être ne nous trompons-nous point en supposant que cette uniformité absolue porte déjà avec elle quelque chose de peu agréable à la nature. Nous signalerons cependant une chose extraordinaire que l'on se portait à Maubec, il y a plus de dix ans, et qui est qualifiée de *sainte extravagance*

dans le manuscrit où nous en avons trouvé la
relation.

C'était, il est vrai, le beau jour de la proclamation
du dogme de l'Immaculée-Conception. La joie, con-
tenue à grand'peine depuis le matin, fit explosion
quand la nuit fut venue. Toutes les images de Marie,
splendidement ornées, sont alors illuminées, visitées
par des groupes qui se succèdent et saluées d'amou-
reux cantiques; des voix retentissent partout dans
cette demeure accoutumée au silence. Enfin la fête
se termine par une scène qui aurait tenté un peintre
ami des jeux de lumière et des figures monastiques.
Une longue file de religieuses, enveloppées dans
leurs manteaux de laine blanche ou brune et tenant
chacune un flambeau à la main, gravit la pente
rapide de la grande clôture, en acclamant la Vierge
immaculée dont la statue colossale se fait voir
au sommet, éclairée par tous ces feux; et deux
ou trois vieux moines, confesseurs du couvent,
debout sur la plate-forme d'une cour extérieure qui
fait face à la colline, contemplent ce spectacle d'un
regard bienheureux. Mais racontons la vie de tous
les jours; et, comme il serait peut-être médio-
crement intéressant de savoir, heure par heure,
la distribution du temps, groupons sous un même
titre les choses semblables, en commençant par

Le culte divin.

C'est Dieu que ces âmes pieuses sont venues
chercher à l'ombre du cloître; c'est, de plus, leur

fonction spéciale dans la société catholique d'adorer la Majesté divine et de l'implorer pour les vivants et pour les morts; il faut donc s'attendre à les voir souvent prosternées dans les saints exercices de la prière.

Elles s'y prennent de bonne heure, et c'est au moment où nous dormons le plus profondément que leur premier chant s'élève vers le ciel. A deux heures du matin les jours ordinaires, à une heure le dimanche et les grandes fêtes, toute la communauté est assemblée dans le chœur pour chanter ou psalmodier Matines et Laudes. Les autres parties de l'office, c'est-à-dire, Prime, Tierce, Sexte, None, Vêpres et Complies, sont célébrées ensuite dans le courant du jour, au temps marqué par l'ancien usage de l'Église. Chaque heure de cet office canonial est précédée de la psalmodie de l'heure correspondante du petit office de la sainte Vierge. En outre, on récite souvent l'office des morts, car la dévotion pour les âmes du purgatoire est un des caractères distinctifs de l'ordre de Cîteaux. Il va sans dire qu'on assiste tous les jours à l'adorable sacrifice; mais la grand'messe est chantée le dimanche seulement et aux fêtes principales. Assez souvent aussi on se contente de psalmodier l'office de la nuit; car le chant est un des points de la Règle que l'on a eu la sagesse d'adoucir un peu en faveur des religieuses de la Trappe. L'office divin, psalmodié ou chanté, occupe néanmoins quatre ou cinq heures de la journée.

Un manuscrit sur la Trappe qu'on nous a envoyé de Maubec contient la note suivante qui nous semble bien caractériser le chant de Cîteaux, venu jusqu'à nous tel à peu près qu'il fut révisé ou composé par saint Bernard, cet homme éminent en toutes choses : — « Le chant cistercien est simple, grave, et ne se fait remarquer par aucune combinaison savante. Toutefois, il ne manque pas de charme et de beauté lorsqu'on se conforme aux traditions anciennes et aux règles laissées par saint Bernard. Chanter avec entrain, éviter les fantaisies et les fioritures, prononcer avec ensemble, couper court à la médiante et à la fin des versets, marquer les pauses, prendre un ton modéré qui permette de n'employer jamais que la voix de poitrine : tels sont les principes dont il ne faut jamais s'écarter. Dans ces conditions, l'office captive, entraîne par une mélodie dont nous ne saurions dire le nom, mais à laquelle personne n'échappe. »

Interprété avec un sentiment plus tendre et plus doux par des voix de femmes, ce vieux chant exprime surtout l'effet que souhaitait le saint abbé de Clairvaux, lorsqu'il disait de la musique sacrée « qu'elle devait charmer l'oreille, remuer, consoler et calmer en même temps le cœur ».

Comme on doit bien le supposer, la religion de nos chères Trappistines ne se borne pas aux saints cantiques et aux prières vocales de l'office public ; elles ont avec Dieu d'autres communications plus intimes, plus personnelles, pour ainsi dire. Avec son silence perpétuel et son régime si austère qui affranchit l'esprit en domptant le corps, la Trappe est évidemment un lieu à souhait pour les mystères de la vie intérieure. Cependant la Règle, qui est d'une admirable discrétion, ne prescrit pour l'exercice de l'oraison mentale qu'une heure à peine, partagée en deux fois. La première oraison se fait un moment après le lever, entre l'office de la sainte Vierge et l'office canonial ; et le moment ne saurait être mieux choisi pour un entretien paisible et familier avec Dieu. On est au milieu de la nuit qui semble ajouter quelque chose au silence, et l'âme, reposée par un sommeil récent, mais d'abord un peu engourdie, vient de secouer ses ailes et de s'élever vers le monde invisible pour le contempler sous un aspect tout gracieux, en célébrant la beauté et la douceur de la Vierge Marie. Après le travail du soir et le chant des Vêpres, on a avec Dieu un nouvel entretien secret d'un quart d'heure. Mais, si saint Benoît, considérant dans sa sagesse que tout le monde n'est pas appelé à une oraison extraordinaire, a voulu que cet exercice fait en commun ne durât point trop longtemps, celles que Dieu invite à une familiarité plus étroite et plus prolongée ont le loisir de se livrer à cet attrait tout en travaillant, et mieux encore dans les *moments libres* dont nous parlerons bientôt. Nous voulons dire auparavant l'usage que l'on fait à la Trappe des sacrements de Pénitence et d'Eucharistie, ces deux sources vives sorties du côté ouvert du Rédempteur pour purifier nos âmes et pour les sanctifier.

On communie régulièrement chaque dimanche, aux grandes solennités et même à certaines fêtes d'un degré inférieur qui se présentent assez fréquemment; en sorte qu'on peut s'approcher de la Table sainte deux ou trois fois par semaine. Il est naturel de supposer que la divine Hostie a une saveur particulière pour ces âmes mortifiées et contemplatives. Sans doute aussi, c'est le spectacle de la sainte Victime immolée tous les jours pour elles qui leur fait reprendre chaque jour avec un nouveau courage l'humiliation et les souffrances attachées à leur propre vie; et c'est encore, nous le croyons, le sentiment de la présence réelle de Jésus-Christ sous leur toit qui leur inspire le plus efficacement la charité mutuelle, en même temps qu'il les remplit de sécurité et de joie. L'Eucharistie est, en effet, le point d'appui principal de la vie religieuse qui ne subsisterait pas sans ce divin sacrement. L'histoire le fait assez voir, et c'est une vérité d'une expérience quotidienne pour les prêtres qui dirigent les âmes consacrées à Dieu par les vœux de religion. Toutes sont encouragées, soutenues par l'Hôte miséricordieux du Tabernacle; les Frères et les Sœurs qui instruisent nos enfants ou qui soignent nos malades et assistent nos pauvres, aussi bien que les recluses de la Trappe et du Carmel.

Quant à la confession, elle a sa raison d'être même à la Trappe, sinon pour réconcilier avec Dieu des consciences criminelles, au moins pour diriger les âmes et pour leur donner, en vue de la sainte communion, cette pureté parfaite que Notre Seigneur voulut nous faire entendre quand il daigna laver les pieds de ses Apôtres avant la dernière cène. Les Trappistines se confessent régulièrement tous les huit jours. Et nous supposons qu'elles ne doivent pas abuser d'une si bonne chose ; car il faut qu'elles disent leurs péchés au travers d'un appareil évidemment imaginé dans l'intention de contrarier l'envie que quelques-unes pourraient avoir de se dédommager à la grille des contraintes habituelles du silence. Voici, en effet, d'après les Constitutions, la forme des confessionnaux : — « Il y aura à chaque confessionnal une grille plus serrée que celle du parloir, de la grandeur d'un pied et demi, contre laquelle il y aura, du côté des sœurs, une plaque de fer blanc trouée, et derrière la plaque un châssis de toile noire qui ne doit pas s'ouvrir, non plus que la plaque, excepté en faveur de celles qui, par surdité, ne pourraient entendre. » Nous avons compris, après avoir lu cette description, l'effroi qu'éprouva Mlle de Longevialle la première fois qu'elle fut à confesse, « se demandant, disait-elle, si c'était au bon Père Antonin ou à son ombre qu'elle avait affaire ».

Au reste, on est prodigue à la Trappe des pratiques qui font mourir l'orgueil et excitent la vigilance. Ainsi, outre la confession sacramentelle, il y a la *coulpe* qui se dit chaque matin au chapitre et qui rappelle quelque chose de la confession publique en usage dans les premiers temps de l'Église. Après qu'on a lu le Martyrologe et annoncé la fête du len-

domain, la prieure explique quelque point de la
Règle ; puis celles qui se trouvent en faute contre la
régularité se lèvent pour s'accuser elles-mêmes, sans
pouvoir alléguer aucune explication ni aucune ex-
cuse. Si la délinquante manquait de mémoire, ses
compagnes seraient obligées de venir à son aide en
déclarant doucement, mais franchement, ce qu'elles
ont vu. L'accusation faite, la prieure impose à chacune la pénitence qui lui revient et, les comptes
étant ainsi tenus à jour et réglés chaque matin, les
consciences allégées par l'aveu et l'expiation, on
se remet à l'œuvre avec ce renouvellement de
ferveur que tout fidèle éprouve après une bonne
confession.

Le temps libre.

La Règle laisse à la disposition des sœurs, surtout dans la matinée, certains *intervalles* qui sépa-
rent les uns des autres les exercices de communauté.
Ces intervalles, qui sont plus ou moins longs, donnent dans le courant de la journée à peu près trois
ou quatre heures dont on fait ce que l'on veut ; en
restant toutefois dans l'ordre des choses saintes, car
tout l'emploi de la vie à la Trappe a un caractère
exclusivement religieux. On continue donc son oraison, ses colloques avec Dieu ; on lit, on écrit, on
médite ; on étudie la Règle et les Constitutions de
l'Ordre, la traduction et les commentaires de la sainte
Écriture, particulièrement des psaumes. Il peut
même arriver qu'en vue de chanter avec plus d'in-

telligence et de consolation l'office divin, on apprenne
la langue latine, comme le fit notre chère sœur
Marie-Bernard, qui s'était mise à ce travail avec une
de ses jeunes compagnes, l'année qui précéda sa
mort. Elles allaient ensemble à la grille du parloir
réciter leur grammaire, lire leurs thèmes et leurs
versions au Père aumônier qui leur servait de professeur.

Le temps libre se passe à l'église, au cimetière,
selon l'attrait de chacune, mais plus ordinairement
dans le *cloître*, cette sorte de galerie fermée qui règne
autour des monastères et par laquelle on communique avec tous les lieux réguliers. Si l'on veut se
représenter dans tout son charme cet endroit de prédilection, il faut lire les pages pieuses qui lui sont
consacrées dans les Annales d'Aiguebelle. Après
avoir dit les mille destinations du cloître et décrit
les processions religieuses, les cérémonies touchantes
qui se font, à certains jours, sous ces voûtes bénies,
l'auteur conclut ainsi :

« Le cloître est, à proprement parler, le séjour
et l'habitation du moine. La souveraine et la gar-
dienne du monastère, la tout aimable Marie elle-
même l'a choisi pour sa demeure. Elle en fait sa salle
du trône, et son image chérie, qui s'élève au-dessus
du siège abbatial, laisse tomber chaque soir, à la
lecture qui précède complies, une bénédiction trans-
mise par les mains vénérées de l'abbé qui préside en
son nom. Là, le religieux fait ses lectures, ses méditations, étudie les divines Écritures. On peut le voir

alors gravement assis entre deux colonnes, le capuce
ramené sur la tête, mais disposé pourtant de manière
à laisser voir qu'il ne dort point. Quelquefois, sous
la direction du chantre, il répète à mi-voix les ré-
pons de la fête prochaine, prépare les leçons, et
s'exerce à bien prononcer les syllabes longues ou
brèves. Mais ils ne doivent pas se troubler mutuel-
lement par de vaines et nombreuses questions. Le
strict nécessaire et en peu de mots, c'est tout ce qui
est permis ; car le cloître est surtout le lieu du silence
où, tous les jours de sa vie, le moine, prisonnier de
l'amour divin, met laborieusement en œuvre les instruments au moyen desquels il doit, selon la Règle,
achever l'édifice de sa perfection. »

Puis, portant sur son vieux cloître mutilé d'Aiguebelle un regard de tendre compassion : « Pauvre
cloître, s'écrie le moine, séjour bien-aimé ! Quelles
avanies, que d'insultes et d'outrages tu as eu à subir!
Que sont devenus tes élégants arceaux et tes char-
mantes colonnettes aux gracieux chapiteaux ornés
de feuillages et de fleurs ? Car, il faut bien qu'on
le sache, pour être une prison, le cloître n'est point
le séjour de la tristesse. C'est une prison d'amour, et
le moine se plaît à l'embellir. Aussi n'est-il pas,
comme l'église, compris sous l'anathème voué aux
ornements. L'artiste a sous ses voûtes un vaste champ
dans lequel il peut donner carrière à son génie.
Sans doute il ne l'exerce point à reproduire les bizar-
res fantômes d'une imagination en délire, des sin-
ges accroupis dans le feuillage, des serpents, des

dragons, des animaux fantastiques, figures hideuses ou grimaçantes, d'un symbolisme douteux et dont la place, en tout cas, n'est pas dans un lieu d'honneur comme le cloître. Tous les sujets sont puisés dans la nature et rappellent au moine cistercien ses occupations journalières. C'est la pomme de pin, la feuille d'acanthe, la branche de laurier, symbole des victoires que le religieux remporte chaque jour sur le monde, sur l'enfer et sur lui-même ; le trèfle et ses gracieux fleurons qui ressemblent à ceux de la couronne qu'il attend pour prix de ses travaux ; le lierre grimpant, image parfaite de son amour pour Dieu à qui il s'attache uniquement, et de sa fidélité à pratiquer la Règle austère qu'il a vouée. »

Si saint Benoît est austère, il est aussi d'une sagesse qui se montre partout, mais qui nous semble ressortir particulièrement dans la concession même de ces intervalles pendant lesquels on peut, à son gré, prier, lire, étudier. Ces bonnes heures libres que l'on passe dans le cloître et qui le rendent si aimable, ce n'est pas seulement le loisir de cultiver son esprit, c'est la part raisonnable laissée à l'initiative personnelle, à la vie individuelle, sous une discipline qui impose pour tous les autres moments des obligations précises.

Le travail des mains.

« L'oisiveté est l'ennemie des âmes », dit saint Benoît ; « c'est ce qui fait, ajoute-t-il, que les frères doivent donner certains temps au travail des mains et d'autres à la lecture des choses saintes. » — « C'est alors, dit-il un peu plus loin, que les frères seront véritablement moines, quand ils vivront du travail de leurs mains, selon l'exemple des Apôtres et de nos pères. Il faut néanmoins que toutes choses se fassent avec modération pour le soulagement des faibles... Pour ce qui regarde les personnes infirmes ou délicates, on leur donnera des occupations et des travaux proportionnés à leur faiblesse, afin de les tirer de l'inutilité, sans toutefois les accabler et sans leur donner sujet d'abandonner leur entreprise. Ce sera l'abbé qui jugera de leur disposition (1). »

Les mêmes principes et le même esprit de modération se reproduisent dans les Constitutions des Trappistines. « Les sœurs, y est-il dit, s'appliqueront de préférence aux ouvrages les plus simples, comme filer, coudre, etc., et, autant qu'elles le pourront, elles aideront à faire le pain, le jardin, la cuisine, les lessives et autres choses qui se pratiquent dans un ménage ; évitant quantité d'ouvrages superflus et qui n'auraient pour but que de satisfaire la vanité et la curiosité. Elles ne feront jamais de broderie, surtout en or et en argent, si ce n'est pour le dehors. — Quand la supérieure enverra toutes les sœurs à un travail commun qui pourrait être pénible pour quelques-unes, elle aura soin d'exempter publiquement celles que le travail serait dans le cas d'incommoder et de leur en donner un moins fati-

(1) Règle de saint Benoît, ch. 48.

gant. — Quand le travail est pénible, la supérieure ou l'ancienne qui y préside fera faire de temps en temps quelque pause pour délasser un peu le corps. »

Le lecteur se souvient peut-être que le temps employé au travail des mains diffère assez notablement dans les deux observances de la Trappe. Il est de trois heures en toute saison pour *l'Ancienne Réforme* qui est celle de M. de Rancé, et de quatre heures et demie une moitié de l'année, de six heures l'autre moitié, dans la *Nouvelle Réforme* qui est celle de M. de Lestrange, un peu adoucie toutefois et ramenée exactement aux prescriptions de la Règle bénédictine. Maubec, nous devons déjà l'avoir dit, appartient comme la Trappe de Vaise, comme Aiguebelle, à la *Nouvelle Réforme.*

Il faut observer aussi que le travail n'est limité de cette manière que pour les religieuses de chœur; les converses y donnent plus de temps, n'ayant pas à chanter l'office divin. Elles assistent cependant à l'office de la nuit, à l'oraison, à la sainte messe, au chapitre, à la lecture spirituelle faite en commun et récitent quelques courtes prières, au lieu même où elles se trouvent, quand la cloche annonce dans la journée les heures de psalmodie. Le dimanche et les fêtes, elles participent à tous les exercices du culte. Ce sont, du reste, ces filles courageuses et dévouées, accoutumées d'ordinaire par leur éducation aux labeurs pénibles, qui portent la part la plus lourde des soins matériels; les sœurs de chœur les aident dans la mesure de leurs forces.

La besogne n'est pas distribuée à l'avance de telle façon qu'on sache précisément le matin ce qu'on fera le soir. Deux fois le jour, avant de se mettre à l'œuvre, la communauté rangée sur deux lignes attend en silence les ordres de la Mère prieure qui assigne à chacune sa tâche ; coutume patriarcale et pleine de sagesse, qui prévient l'esprit de *propriété* aussi bien que la *routine* dans les emplois, en renouvelant fréquemment le mérite et le parfum de l'obéissance.

Quant à la nature des travaux auxquels se livrent les Trappistines, elle est suffisamment indiquée dans le passage des Constitutions que nous avons cité tout à l'heure. Chaque monastère est une petite république peu fortunée qui se suffit à elle-même autant qu'il est possible, et qui vend son superflu ou les produits de son industrie pour faire venir du dehors ce qui lui manque. Les Trappistines de Vaise, par exemple, dont les terres ont peu d'étendue, ont pour principale ressource la broderie et la confection des ornements d'église.

Maubec est surtout une colonie agricole. On y récolte le vin, les fruits et les légumes nécessaires à la communauté. On y tient quelques vaches, des troupeaux de moutons et de la volaille ; non point pour se nourrir de la chair de ces bonnes bêtes, car saint Benoît ne permet pas une telle sensualité. Mais, outre que tout cela procure de l'engrais pour les jardins, on prend la laine pour s'en faire des vêtements ; on donne les œufs aux malades et le lait à tout le monde, s'il y en a suffisamment (1). Quant au pain qui est là, comme dans les ménages des ouvriers et des pauvres, la nourriture principale, on sait le pétrir et le faire cuire, mais après avoir acheté presque toute la farine ; dépense énorme que l'on solde surtout avec le produit des vers à soie qui trop souvent réussissent mal, et l'on se trouve alors dans un embarras dont on sort comme l'on peut avec l'aide de la Providence et en se rabattant plus exclusivement sur les racines et les lentilles.

Nous ne devons pas oublier, parmi les ressources et les sujets d'occupation de nos Trappistines, une petite filature à la vapeur qui emploie un assez grand nombre de bras et particulièrement les orphelines recueillies dans le monastère.

Ainsi, les soins infinis du ménage dans l'intérieur de la maison, la magnanerie et la filature, la culture

(1) Personne n'ignore que la loi Grammont n'eût jamais rien à reprendre dans la manière dont les animaux sont traités dans les couvents. On nous montra un jour dans une des fermes d'Aiguebelle l'âne le plus luisant et le plus heureux que nous ayons jamais rencontré. Très-volontaire par tempérament, il fut peut-être tenté de se prévaloir davantage encore de l'extrême bonté de ses maîtres, s'il comprit ce qu'on nous raconta en sa présence. L'auteur des *Annales d'Aiguebelle*, notre aimable compagnon de promenade, nous disait, en effet, que le frère X...., une bonne nature d'homme cependant, ayant une fois perdu patience devant les lenteurs évidemment calculées de ce même âne, fut pour ce méfait publiquement proclamé au chapitre et sévèrement puni par le Père Abbé.

des jardins et des vignes, la récolte de la feuille du
mûrier, puis des fruits de l'enclos, chacun en son
temps, la fenaison, la moisson, la vendange, la tonte
des brebis : tels sont les éléments d'une description
dont nous laissons le détail à l'imagination de nos
lecteurs, s'il peut leur être agréable de se représenter
les mœurs simples de la Trappe et les mouvements
du peuple qui l'habite aux heures de travail. Qu'ils
n'oublient pas de remarquer, dans ce spectacle, que
les jeunes sœurs s'empressent d'enlever aux ancien·
nes les tâches les plus pénibles et que les anciennes
calment par des signes bienveillants la trop vive
ardeur des jeunes, que les langues se taisent, que
les visages sont joyeux et que les bras se remuent
de bon cœur en esprit de pénitence et pour l'amour
de Dieu.

Les repas.

« Lève-toi, disait saint Bernard, le glorieux Père
des Cisterciennes, lève-toi, travaille, secoue l'oisiveté, exerce tes forces, ne demeure pas les bras
croisés ; encore une fois travaille, et tu ne recher-
cheras pas alors ce qui flatte le goût, mais ce qui
apaise la faim. L'inaction enlevait aux mets leur
saveur, l'exercice la leur rendra. »

Les repas cisterciens ont, en effet, une relation
étroite avec le travail. Nous ne voulons pas dire
qu'on ne travaillerait pas autant en se nourrissant
mieux ; mais on ne serait pas en mesure de se

nourrir si mal, si l'on ne travaillait pas. Le même
régime qui serait insupportable à des gens d'étude
ou d'habitudes sédentaires peut convenir à un appétit
excité par le mouvement corporel et le travail au
grand air.

Le chapitre du réfectoire et de la nourriture, dans
les Constitutions de la Trappe, est plein de détails
qui ne laissent aucune porte ouverte au relâchement.
Et ces prescriptions, comme on va le voir, sont aussi
rigoureuses que minutieuses; ce qui est logique,
du reste, puisque le caractère propre de la Trappe
est la mortification, laquelle, pour le commun des
humains, ne se prend nulle part ailleurs d'une façon
plus sensible que sur la bouche. On a eu quelque
égard toutefois à la délicatesse des femmes, et les
maisons de Trappistines qui appartiennent à la
Nouvelle Réforme, où les hommes pratiquent le jeûne
comme au temps de saint Benoît et de saint Bernard,
suivent en ce point les Constitutions plus douces de
M. de Rancé qui permettent toujours une légère
collation.

Il y a donc toujours deux repas. Quand on ne
jeûne pas, le dîner est à dix heures et demie, le
souper à cinq heures. Les jours de jeûne d'*ordre*
le dîner se prend à onze heures et demie, et à midi
les jours de jeûne d'Eglise. La collation se fait dans
les deux cas à l'heure ordinaire du souper.

Tout le monde connaît les jeûnes prescrits par
l'Eglise. Les jeûnes d'*ordre*, particuliers à la Trappe,
se pratiquent le mercredi et le vendredi de chaque

semaine et la veille de certaines fêtes ; ils comprennent, en outre, tout le temps qui s'écoule entre le 14 septembre et le Carême. Le Carême amène un redoublement d'austérité. L'usage du lait est alors interdit le mercredi, le vendredi, et pendant toute la semaine-sainte. De plus, les trois premiers vendredis, on ne sert qu'une *portion* à dîner; les trois derniers, on jeûne au pain et à l'eau.

Sauf cette dernière et courte exception, la nourriture est assez abondante. Il y a toujours deux portions à dîner et autant à souper; il est vrai que les Constitutions semblent faire au fromage l'honneur de le compter pour un plat. A la collation, on donne six onces de pain les jours de jeûne d'ordre, et cinq seulement les jours de jeûne ecclésiastique. Les Constitutions permettent d'ajouter à cela quelques fruits, *s'il y en a ;* ce qui nous remet en mémoire la réponse que nous fit un bon frère d'Aiguebelle auquel nous demandions si l'on buvait du vin à la Trappe. — « Notre Père saint Benoît, nous dit-il, défend d'en boire quand on n'en a pas. » C'était une manière laconique de traduire le chapitre de la Règle sur *la mesure du boire.* Saint Benoît, dans ce chapitre, manifeste de l'inquiétude au sujet du vin *qui porte même les plus sages à abandonner Dieu.* Il l'accorde cependant dans une certaine mesure très-modeste, mais en conseillant de *demeurer en paix* à ceux qui n'en récolteraient pas et qui ne pourraient s'en procurer sans une dépense trop considérable pour le monastère. S'inspirant de la même pensée, les Constitutions des Trappistines indiquent pour boisson du cidre ou de la bière ; et si, ajoutent-elles, à raison des localités, on est obligé de donner du vin, on n'excédera pas un demi-litre par jour. » A Maubec, qui a des vignes, on use d'un peu de vin.

La nourriture de la Trappe est, en somme, satisfaisante pour la quantité ; car, si les portions ne sont pas nombreuses, elles sont copieuses. Mais le lecteur trouvera peut-être que les mets laissent à désirer pour la qualité ; et c'est ici, en effet, que vont ressortir les avantages du travail compliqué du jeûne comme assaisonnement. On ne sert que des légumes, des racines, des herbes et du laitage, jamais de viande ni de poisson. Et, « on accommode les choses le plus simplement qu'on peut, est-il dit dans les Constitutions. On ne servira jamais de beurre et l'on n'en mettra jamais dans le potage ni dans d'autres portions. On ne servira jamais ni pâtisserie, ni gâteau, ni rien qui en approche. On n'usera jamais d'aucune épicerie ; mais lorsqu'on servira des racines ou des légumes cuits au sel ou à l'eau, on pourra présenter aux tables un peu d'huile et de vinaigre par forme d'assaisonnement. On peut aussi toujours mettre du lait dans les soupes et les portions, excepté tous les vendredis hors du temps pascal, les mercredis de Carême et la semaine-sainte. On mange du pain de seigle, ou bien du pain bis fait de farine de froment de laquelle on n'ôte que le gros son. »

Telle est la rigueur de la Règle pour les sœurs bien portantes ou qui n'ont pas à faire, comme les converses, un travail trop pénible et trop prolongé. Ces dernières prennent, le matin avant le travail, excepté les jours de jeûne d'Eglise, un soulagement qu'on appelle à la Trappe *le mixte*; c'est une soupe ou quelques onces de pain. Les sœurs de chœur elles-mêmes se voient imposer ce privilége par la Mère prieure, quand elles sont d'une santé affaiblie ou trop délicate.

Quant aux malades, tout ce qu'il y a de rigoureux est supprimé ou mitigé pour elles. C'est bien d'ailleurs le miséricordieux esprit de saint Benoît; écoutez le chapitre consacré aux malades : « Il faut que tout cède aux soins qu'on est obligé de prendre des malades, et on doit croire que c'est véritablement Jésus-Christ que l'on sert dans leur personne, puisqu'il a dit : *J'ai été malade et vous m'avez visité*, et encore : *ce que vous avez fait à l'un de ces petits, vous me l'avez fait à moi-même*. Les malades, de leur côté, considéreront que l'honneur que l'on porte à Dieu est le motif du service qu'on leur rend, et ils éviteront de donner de la peine aux frères qui les servent par leurs inquiétudes et la superfluité de leurs envies. Cependant on doit supporter leurs faiblesses avec beaucoup de patience, parce qu'il n'y a rien par où l'on puisse mériter davantage. L'abbé donc aura toute l'application possible afin qu'on ne néglige rien dans ce qui concerne l'assistance des malades. On leur destinera une chambre à part, et on établira pour les servir un des Pères, qui craigne Dieu, qui soit diligent et soigneux..... On permettra de manger de la chair aux malades et à ceux qui sont dans une grande faiblesse, pour le rétablissement de leurs forces ; et, lorsqu'ils se porteront mieux, ils reprendront leur abstinence accoutumée. Que l'abbé donc prenne extrêmement garde que les malades n'aient rien à souffrir de la négligence des celleriers ou des serviteurs, et qu'il se souvienne que toutes les fautes de ses disciples seront sur son compte (1). »

Vient ensuite le chapitre des vieillards et des enfants : — « Quoique la nature, dit saint Benoît, nous porte assez par elle-même à avoir compassion des vieillards et des enfants, nous ne laisserons pas de pourvoir à leurs besoins par l'autorité de la Règle. On aura donc toujours égard à leur faiblesse ; et, au lieu de leur faire observer toute la rigueur de la Règle dans la nourriture, on pourra la modérer en leur faveur par le motif d'une charité sainte, et leur permettre de ne pas attendre les heures régulières pour manger. »

(1) C'est l'esprit de toutes les Règles religieuses que les malades soient traités avec un souverain respect et les plus tendres soins, comme les membres souffrants de Jésus-Christ. Il était réservé toutefois à saint François de Sales de répandre sur cette sollicitude traditionnelle comme un dernier parfum de bonne grâce : — « (à la Visitation) l'infirmière, dit-il, aura un extrême soin que les chambres des malades soient nettes, propres et bien ornées d'images, feuillages et bouquets, selon que la saison le permettra. »

Avant de sortir du réfectoire, nous ne ferons pas admirer la richesse de la vaisselle qui est en bois ou en terre grossière ; mais nous appellerons l'attention du lecteur sur un usage touchant qui montre le cher souvenir que l'on garde aux trépassés, et comment, à la Trappe, la pensée de la mort se mêle familièrement à toute la vie. Dès qu'une sœur s'en est allée à Dieu, une croix de bois noir est déposée pendant trente jours à la place devenue vacante au réfectoire ; on sert à cette place vide la portion qu'aurait reçue la sœur qui l'occupait et on la donne ensuite à un pauvre ; aux prières d'actions de grâces qui se disent après le repas, on ajoute un *De profundis* (1).

La récréation.

Il est difficile de découvrir parmi les exercices de la Trappe quelque chose qui ressemble de près ou de loin à une récréation, à moins que ce ne soit la demi-heure de promenade qui suit immédiatement le dîner et pendant laquelle le silence est si rigoureux, que la supérieure elle-même ne peut le rompre que pour un motif extraordinaire. Un des buts les plus ordinaires et les plus aimés de cette promenade est une visite au cimetière. On se met à genoux sur

(1) Ce pieux usage se retrouve dans quelques autres congrégations religieuses, à l'Adoration perpétuelle, par exemple, où entra Louise de Condé. L'Adoration perpétuelle suit d'ailleurs la Règle de saint Benoît

cette terre sacrée, on prie avec confiance pour les bonnes âmes qui habitèrent ces corps maintenant humiliés dans la poussière, mais marqués sans doute pour la résurrection glorieuse ; on se réjouit d'avoir été amenée par la grâce de Dieu dans cette solitude où toute la vie est une préparation à la mort ; on se dit à soi-même en considérant la tombe creusée d'avance pour la première qui mourra : C'est peut-être moi que l'*Époux* va venir chercher bientôt ; et l'on s'exhorte de nouveau à *tenir sa lampe bien allumée*, c'est-à-dire son esprit attentif et son cœur ardent.

Au reste, si la demeure des morts est humble et pauvre comme il convient à la Trappe, elle n'est pourtant pas sans honneur ni même sans grâce, et le spectacle offert aux yeux s'harmonise heureusement avec l'idée grave et douce tout ensemble que les Trappistines se font de la mort. Une large ceinture de violettes dessine le contour de chaque tombe, et l'on plante au sommet un lis qui appuie sur les bras de la croix sa corolle blanche.

Le sommeil.

Le sommeil, disent les poètes, est le frère et l'image de la mort. Cette comparaison prend à la Trappe un singulier caractère de vérité ; le frère et la sœur s'y ressemblent par la même pauvreté, la même austérité et la même paix. Quand la nuit est venue, la Trappistine s'étend toute vêtue sur une couche dure où elle repose paisiblement, jusqu'à l'heure du réveil, ses membres fatigués par le jeûne, le travail et les saintes psalmodies ; et, lorsqu'elle aura rendu son âme à Dieu, une de ses compagnes, la prenant entre ses bras comme un enfant endormi, la couchera dans la terre sans autre cercueil que sa robe de laine, et elle attendra dans ce dernier sommeil le joyeux signal de la résurrection.

Si l'on veut une description plus exacte des lits de la Trappe, nous dirons qu'ils consistent en une simple paillasse avec un chevet de paille et quelques couvertures.

Excepté certains jours de fêtes où l'office divin prend davantage sur la nuit, le temps donné au sommeil est toujours de sept heures. En été, il est vrai, on ne dort que six heures la nuit ; mais il y a une heure de méridienne après dîner.

III.

Esprit et physionomie de la Trappe.

Nous ne voudrions pas laisser ce tableau des mœurs de la Trappe sans lui donner toute son expression et sans indiquer le point de vue où il convient de se placer pour le bien apprécier.

Ces mœurs, nous en demeurons d'accord, paraissent d'abord empreintes d'une austérité terrible qui peut étonner et même effaroucher l'esprit de plus d'un lecteur. Ce régime, dira-t-on, est héroïque assurément, mais n'est-il pas homicide? — Nous avons dû nécessairement nous préoccuper de cette difficulté et essayer de la résoudre de quelque manière.

Or, nous nous sommes demandé premièrement s'il y aurait lieu de réclamer bien haut, dans le cas même où la Trappe malmènerait la vie au point de la compromettre un peu. C'est une question, en effet, qu'il doit être permis de poser, quand on songe à une multitude infinie d'autres occasions où nous nous montrons beaucoup moins chatouilleux dans notre façon d'entendre le cinquième précepte de la Loi. Qu'une mère, par exemple, ruine sa santé en passant les nuits au chevet de son enfant malade; qu'un jeune homme, par un sentiment de patriotisme et d'honneur, embrasse la carrière des armes et subisse toutes les fatigues de ce noble métier, en attendant de se faire tuer sur un champ de bataille; qu'un autre, épris d'amour pour la science, coure le risque de périr à chercher les sources du Nil ou à poursuivre quelque autre but plus utile à l'humanité: voilà, à des degrés divers, des dévouements que nous estimons admirables, quand même ils ont pour résultat d'abréger la vie; c'est même ce résultat qui les rend à nos yeux si dignes de louange. En descendant plus bas dans l'échelle des motifs, nous trouverions, sur tous les chemins qui mènent au pouvoir, aux honneurs, à la richesse, une foule de

gens qui se rendent malades, qui se tuent pour
vouloir avancer trop vite et que nous ne laissons pas
de considérer avec un certain respect. Enfin, plus
bas encore, il y a les disciples d'Épicure, tous ces
groupes joyeux qui déjà du temps de Salomon
chantaient en chœur : « Mangeons, buvons, cou-
ronnons-nous de roses, nous mourrons demain. »
Ceux-là, les médecins et l'expérience le disent assez,
précipitent fréquemment le terme de leurs jours
pour les vouloir couler trop doux ; et l'on ne pré-
tendra pas qu'ils se portent à ces excès par des
sentiments d'un ordre très-élevé. N'est-il pas vrai
pourtant que nous sommes indulgents pour eux, que
nous sourions volontiers à leurs folies, à la condition
seulement qu'ils y mettent une certaine bonne
grâce ? Ne serons-nous donc des juges sévères que
pour ceux à qui la pensée de mourir demain et le
désir de vivre éternellement, inspirent tout autre
chose qu'une passion effrénée de tant boire et de
tant manger et de se couronner de roses ?

Mais aussi, demandera-t-on, quel rapport y a-t-il
entre l'immolation sur cette terre et le bonheur dans
l'éternité ? Un rapport plein de convenance, au dire
de Platon et des anciens sages ; un rapport très-
étroit et nécessaire, si la religion chrétienne est
vraie, car elle repose tout entière sur la double
hypothèse d'une Chute et d'une Rédemption. C'est
le vieil homme, tout pétri d'odieuses convoitises et
de vices, qu'il s'agit de réformer à la ressemblance
de Jésus-Christ, *le Saint et le Juste ;* l'immortalité

bienheureuse ne nous sera donnée qu'à ce prix, puisque *rien d'impur n'entrera dans le ciel*. Le divin Sauveur nous aide merveilleusement dans cette œuvre de transformation et *sans lui nous ne pourrions rien faire*. Il nous fait toutefois l'honneur de demander le concours de notre liberté éclairée, fortifiée par sa grâce, et la part que nous devons prendre à notre rédemption n'est sans doute pas insignifiante, car on nous avertit que *le chemin qui mène à la vie est étroit et la porte resserrée*, qu'il faut *nous efforcer d'entrer*, que *le royaume des cieux s'enlève de force*, que *nous serons glorifiés avec Jésus-Christ à la condition d'avoir souffert avec lui et porté notre croix à sa suite, tous les jours*. Évidemment la Croix tient une large place dans la discipline chrétienne, et l'Evangile n'est pas un livre qui enseigne à s'attendrir sur soi-même ni à se ménager beaucoup. Nos passions n'y sont pas flattées ; et, après notre orgueil, rien n'y est plus impitoyablement sacrifié que nos délicatesses sensuelles ; on y voit un riche, un heureux de ce monde, enseveli dans les enfers, sans qu'il lui soit reproché autre chose que d'avoir doucement passé sa vie dans le luxe et le bien être ; notre chair y est signalée comme le foyer principal du péché et comme une victime qui doit être immolée pour le rachat de l'âme. Veut-on donc se sauver soi-même, il y faut de la peine, des larmes et parfois du sang ; veut-on racheter d'autres âmes encore avec la sienne, c'est alors surtout qu'il faut pleurer et souffrir.

S'étonnera-t-on maintenant des tendances austères

d'une association religieuse dont les membres veulent aller au ciel par le chemin le plus évangélique et remplir en même temps dans l'Eglise un ministère d'expiation ?

Et toutefois nous convenons qu'il n'est pas permis de se lancer à l'aveugle dans cette carrière de la pénitence chrétienne. Il y faut de la mesure, non-seulement parce que la loi de Dieu commande que l'on tienne compte des justes exigences de la nature, mais encore pour cette raison fondamentale que l'âme elle-même n'aurait rien à gagner à trop surmener le corps. A moins, en effet, d'être doué d'une étonnante énergie de caractère et spécialement assisté de Dieu, il est clair qu'il ne faudrait pas s'aventurer sur les colonnes au sommet desquelles les anciens stylites se tenaient en prière toute leur vie, ni rien se permettre au-dessus de ses forces, autrement il arriverait, par une réaction fâcheuse, ce que disait Pascal : « Qui veut faire l'ange fait la bête. » C'est d'ailleurs l'Eglise, interprète de l'Evangile, qui doit juger les austérités, et la soumission à l'Eglise est la pierre de touche des pénitences de bon aloi et des pratiques extraordinaires ; comme le pensait cet évêque qui signifia un jour à un stylite de descendre de sa colonne : le stylite, s'empressant d'obéir, vint se jeter aux pieds du *Père de son âme* qui le bénit, l'embrassa et le renvoya tout joyeux sur le singulier observatoire d'où il contemplait le ciel.

Ces principes posés, la Règle que l'on suit à la

Trappe étant l'œuvre de saint Benoît, ce législateur éminent qui faisait si grand cas de la discrétion en toute chose, il est à croire déjà que l'austérité chrétienne y est raisonnable et sagement ordonnée. Et ce préjugé favorable devient une certitude, avant toute discussion de détail, quand on songe à la glorieuse histoire de cette discipline bénédictine, à la multitude infinie de ceux qui l'ont embrassée dans le cours des siècles, aux saints innombrables qu'elle a produits et surtout aux éloges que l'Eglise lui a tant de fois décernés, soit dans les conciles soit par la bouche des Souverains-Pontifes, depuis le temps où saint Grégoire le Grand croyait respirer à toutes les pages de ce petit livre comme *un parfum de sagesse divine*. « Célébrons devant l'Eglise de Dieu, s'écrie Bossuet, la grandeur et la perfection de cette Règle. » — « Cette Règle, ajoute-t-il, c'est un précis du Christianisme, un docte et mystérieux abrégé de toute la doctrine de l'Evangile, de toutes les institutions des saints Pères, de tous les conseils de perfection. Là paraissent avec éminence la prudence et la simplicité, l'humilité et le courage, la sévérité et la douceur, la liberté et la dépendance ; là, la correction a toute sa fermeté, la condescendance tout son attrait, le commandement sa vigueur et la sujétion son repos, le silence sa gravité et la parole sa grâce, la force son exercice et la faiblesse son soutien (1). »

(1) Panégyrique de saint Benoît.

Les conditions de tempérament et de santé seraient-
elles changées au point de rendre trop dur aujour-
d'hui ce qui paraissait autrefois modéré? On pourrait
le prétendre et l'appuyer d'assez bonnes raisons,
particulièrement de ce fait, que l'Eglise a été amenée
à tempérer l'ancienne rigueur de l'abstinence et du
jeûne. On peut penser aussi, il est vrai, que l'Eglise
a fait ces concessions à notre tiédeur et à nos délicatesses, sans se prononcer pour cela sur la faiblesse
de notre estomac et de nos nerfs. Quoi qu'il en soit,
les Souverains-Pontifes Grégoire XVI et Pie IX, les
mêmes précisément dont la miséricordieuse sagesse
a récemment adouci en certains points les lois péni-
tentiaires, ne se sont pas laissé arrêter par cette
objection, puisqu'ils ont formellement approuvé et
loué la Trappe aussi bien que tous les autres ordres
austères qui se sont pris, d'une façon si inattendue,
à refleurir en ce siècle. De plus, si nous sommes bien
renseigné, un ami de la Trappe très-bienveillant,
mais trop compatissant et qu'on n'avait certainement
pas chargé de cette commission, ayant essayé, il y
a peu de temps, d'insinuer à Rome l'idée d'atténuer
la sévérité de la Règle, en faveur au moins des couvents de femmes, Pie IX s'est montré entièrement
opposé à toute mitigation. Et certes, nous ne saurions
qu'applaudir à cette fermeté. S'il est vrai que les
langueurs du temps présent ne puissent que très-
difficilement s'accommoder des rudes épreuves de la
Trappe, il y aura moins de vocations peut-être pour
ces saintes maisons ; mais chacune des âmes d'élite

que l'odeur du sacrifice y attirera ne donnera-t-elle pas à elle seule plus de gloire à Dieu, plus d'édification aux hommes, que ne le sauraient faire des chœurs nombreux vivant humiliés et sans enthousiasme sous une discipline mutilée, qu'il faudrait tous les jours amoindrir davantage, car on ne s'arrête pas sur cette pente du relâchement ?

Cependant, si admirables et si édifiantes que soient nos chères Trappistines, on ne serait sans doute pas fâché de savoir que la vie qu'elles mènent ne les met pas trop sur les dents. C'est pour avoir à cet égard des renseignements précis, un peu de statistique, qu'il nous a semblé utile d'échanger avec la prieure de Maubec quelques lettres dont il faut maintenant rendre compte.

La question que nous posâmes fut celle-ci : Une fille bien portante, avec un tempérament ou robuste ou de force ordinaire, peut-elle vivre à la Trappe aussi longtemps et dans d'aussi bonnes conditions de santé que sous un régime moins dur ? Voici les réponses que nous reçûmes :

« Prouver qu'on peut vivre, dans un ordre des plus austères, aussi longtemps et dans d'aussi bonnes conditions de santé que partout ailleurs, ne me semble pas chose facile, bon Monsieur l'abbé. Et si je vous disais que je ne puis établir ce que vous me demandez, et qu'avec une santé seulement ordinaire on ne vivra que peu de temps à la Trappe, que feriez-vous ? Au lieu de dire comme l'abbé de

Toulouse : « Mesdames, allez à la Trappe (1) »,
vous leur diriez : « N'y allez pas » — sans prendre
garde que vous avez une enfant au ciel qui s'attris-
terait de vos paroles, si une âme glorifiée peut être
attristée. Chère enfant ! elle n'éprouvait qu'une peine
en mourant : c'était de penser qu'on accuserait
l'austérité de la Règle d'avoir hâté sa mort... Ces
réflexions sont touchantes, mais ne répondent pas à
la question, n'est-il pas vrai ? Allons donc plus au
fond.

« Je devrais observer d'abord que vous ne pouvez
pas ne pas tenir compte en cette affaire de la grâce
de la vocation et de la force surnaturelle qui en
résulte. Mais, même en laissant pour un moment ce
secours divin et à ne considérer que les ressources
de la nature, je dis qu'on peut vivre à la Trappe
dans les conditions satisfaisantes que vous demandez, si l'on y vient avec une santé robuste ou même
ordinaire.

« La Règle, en effet, à la bien prendre, ne prescrit
rien d'intolérable et les forces que l'on perd à chanter
et à travailler sont bien suffisamment réparées par
le régime que l'on suit. On dort sept heures. On fait
deux repas six mois de l'année, un repas et une
collation le reste du temps. La nourriture est saine

(1) C'est la conclusion d'un intéressant petit volume sur
les Trappistines de Blagnac, fondation de Maubec. Il faut dire
que l'auteur envoie les Dames à la Trappe seulement pour
y faire une retraite.

et abondante. Nous avons dix-sept onces de pain les jours de jeûne d'Eglise et davantage les jours de jeûne d'ordre, un demi-litre de vin. Et n'allez pas croire que nous nous contentions de notre pain sec : la Règle y ajoute de bonnes portions de légumes, d'excellent laitage et des fruits. Avec cela on peut vivre, M. l'abbé. Si l'on est un peu fatigué, vous savez qu'on ajoute une troisième portion appelée *le soulagement* ; si la faiblesse augmente, on est à l'infirmerie où l'on a des aliments gras.

« Vous me direz sans doute : « Mais vous avez des morts fréquentes ? » — Je vais vous en signaler les causes, et vous jugerez s'il faut en accuser la Règle.

« D'abord, nous avons le tort de recevoir trop facilement des jeunes personnes pleines d'ardeur, mais n'ayant pas assez de santé. Malgré leur courage, elles sont toujours dans les dispenses et ne font que végéter, en dépit des soins qu'on leur donne, et meurent. Saint François d'Assise n'avait-il pas prévu que ce serait la ruine de sa Règle ?

« Un bon quart de nos religieuses, il faut l'avouer, meurent par suite d'imprudence et pour laisser de côté les précautions les plus élémentaires ; on se joue de la vie. Quand elles sont novices, pour les punir on les renvoie ; quand elles sont professes, il faut bien les garder. Mais est-ce la Règle qui commande les imprudences ?

« Je pourrais ajouter une troisième cause qui est la pauvreté de nos maisons, de la nôtre en particulier. Nous sommes aujourd'hui mieux nourries que jamais, et cependant nous pourrions avoir quelque chose de mieux sans manquer à la Règle. Ainsi, par exemple, nous pourrions mettre du lait dans les soupes comme nous en mettons dans les portions; mais pour cela, a. lieu de douze vaches comme celles que nous avons, il en faudrait trente.

« Je n'ai pas peut-être répondu à tout, j'y reviendrai une autre fois; moi aussi je suis paresseuse, Monsieur l'abbé, et il est dix heures du soir.

« Je joins ici une appréciation de la Règle par notre pharmacienne qui n'est chez nous que depuis trois ans, mais qui en a cinquante. Cette excellente sœur était au noviciat avec sœur Marie-Bernard, et je disais que, par leur manière différente de voir certaines choses, elles représentaient à elles deux l'Ancien et le Nouveau Testament. »

— LA PHARMACIENNE. — « Une personne bien portante, avec un tempérament ou robuste ou de force ordinaire, peut vivre à la Trappe aussi longtemps et dans d'aussi bonnes conditions que sous un régime moins dur. On en verra la preuve dans le détail suivant :

« 1º *La nourriture.* Maigre, il est vrai, mais assez abondante et convenablement apprêtée. Remarquons que ceux qui ont illustré la longévité ont professé la sobriété; et que les cas graves de maladie sont plus souvent occasionnés par la réplétion que par la diète.

« 2º *Le repos.* Il est suffisant. Il est pris sur des

couches dures : il ne manque pas de gens du monde qui usent de ce système par hygiène, et il est très-utilement employé dans les orthopédies pour rappeler à la santé des êtres affaiblis et difformes.

« 2° *Le travail.* La quantité n'est pas fixée, chacune s'y livre selon sa force et la variété en fait disparaître la plus grande fatigue avec la monotonie. Il est moins dur qu'un long exercice de gymnase.

« 4° *L'assistance au chœur, le chant.* C'est ce qu'il y a de plus pénible. Avec de la discrétion on peut encore s'en tirer ; il s'en est trouvé parmi nous qui, avec une santé délicate, ont rempli pendant plus de vingt ans la fonction de première chantre. Si dans le monde je veux trouver une preuve que l'exercice de la voix ne tue pas, je n'ai qu'à regarder, sur un champ de foire ou dans les rues de Paris, tous ces industriels dont le petit bénéfice fait le sourd et ne se rend qu'à des cris aigres, journaliers et prolongés du matin au soir. Là je vois des hommes, des femmes, des vieillards, des enfants : tous s'acquittent de leurs criailleries et ne se plaignent guère que de la faim et de la fatigue des jambes sans se préoccuper de la poitrine. D'ailleurs, quelles habitudes ne fait-on pas prendre au corps ? Il en est parmi nous qui portent le joug de la sainte Règle avec joie et santé depuis de longues années.

« Si nous avons les instruments des bonnes œuvres et de la vertu, nous avons aussi ceux de la santé et de la conservation ; il ne s'agit que d'être sage dans l'emploi de toute chose. »

— *Nouvelle lettre de la prieure.* — « Monsieur l'abbé, hier, au réfectoire, on nous lisait l'*Histoire de Cîteaux* de Dom Le Nain : à un certain passage j'ai pensé à vous. Cela se rapporte à la question traitée dans ma dernière lettre ; je vais vous le transcrire :

« Dieu, par ces exemples, fait voir l'erreur de ceux qui s'imaginent que les monastères ne peuvent subsister longtemps lorsqu'on y vit dans une pénitence rigoureuse, et que, pour les peupler et les conserver, il faut adoucir l'austérité de la vie, de crainte qu'ils ne périssent faute de sujets ; car jamais l'austérité et la pénitence ne furent plus grandes que dans ces premiers temps où les monastères se remplissaient en fort peu de temps.

« Au contraire, lorsque les relâchements y ont été introduits, Dieu a cessé d'y envoyer des sujets, et ces maisons autrefois si pleines de religieux que les lieux réguliers, quelque spacieux qu'ils fussent, ne pouvaient presque les contenir, ont été changées en une espèce de solitude par le peu de personnes qui s'y sont retirées ; en sorte qu'on pourrait leur appliquer à présent ces paroles du poète : *Apparent rari nantes...* »

« Toujours en vue de compléter ma dernière lettre, je puis, Monsieur l'abbé, vous donner quelques chiffres qui vous aideront à porter votre jugement.

« Nous sommes quarante-trois religieuses de chœur. Nous en comptons une de 41 ans de profession, trois de 31 ans, une de 29 ans (c'est votre servante), trois de 27 ans, deux de 22 ans, trois de 19 ans, trois de 15 ans, trois de 11 ans, quatre de 10 ans; les autres vont en diminuant.

« Vous voyez qu'on peut vivre : faites-vous donc le champion de la pénitence. Vos plus dangereux antagonistes seront ceux qui viendront avec un air doucereux vous dire : « Il vaut mieux s'appliquer aux vertus intérieures » ; comme si l'un excluait l'autre, et comme si l'on ne savait pas l'usage que font de la mortification intérieure ceux qui ne veulent pas de l'extérieure ! La pénitence peut avoir néanmoins ses indiscrétions et ses excès qu'il faut éviter, j'en demeure d'accord.

« J'en dis trop pour vous, cher monsieur, qui savez bien comment il faudra parler de tout cela ; mais j'ai voulu, selon votre désir, vous fournir toutes les indications en mon pouvoir. »

Et nous répondîmes : — « Je vous prie, chère Mère, de ne point avoir d'appréhensions pénibles relativement à mes idées sur les austérités de la Trappe; pas plus en cela qu'en rien autre chose, j'espère bien ne jamais contrister votre cœur ni celui de notre chère enfant. Et croyez qu'en faisant l'apologie de votre régime, je parlerai de conviction ; car je sais très-bien que l'Evangile ne nous commande pas de nous tenir dans du coton, et je n'entends pas *la réhabilitation de la chair* autrement que par la mortification qui prépare la résurrection. Seulement, j'avais pensé que, si l'on pouvait établir

que la Trappe n'est point par elle-même destructive
de la santé, ce serait un moyen de vous défendre plus
facile et moins désagréable que d'en être réduit à
soutenir brutalement que vous avez le droit de vous
suicider. Au reste, je suis, à cet égard, entièrement
satisfait de vos explications ; j'ai beaucoup aimé aussi
la thèse originale de votre pharmacienne.

« Quant à la mission que vous me donnez, ma
bonne Mère, de prêcher la pénitence, je dois vous
avertir que mon humeur paisible et le sentiment de
ma position personnelle ne me permettent pas de
faire trop de bruit ; car, hélas ! les bonnes religieuses
dont j'ai l'honneur d'être l'aumônier n'ont rien dans
leurs Constitutions qui les empêche de me bourrer
de crème et de confiture. Tout ce que saurait faire
décemment un homme comme moi, pour arranger
cette querelle entre le monde et vous, serait de pro-
poser la transaction suivante : — Profitant de la
leçon que vous nous donnez, courageuses femmes
que vous êtes, nous pourrions peut-être, mes lecteurs
et moi, essayer de nous traiter avec moins de tendresse ; en revanche, vous nous permettrez de vous
recommander instamment de ne pas vous tuer et de
garder dans toute votre conduite la *discrétion* qui
doit être si chère aux filles de saint Benoît. Dans ces
bornes de la sagesse, vos mérites seront assez beaux,
non-seulement pour vous assurer une magnifique
place en paradis, mais encore pour retomber en
rosée divine sur nous autres mondains qui avons si
grand besoin de votre superflu pour arriver tout juste
au nécessaire. »

Malgré tous ses mérites, l'austérité que nous venons de louer nous serait peu sympathique, nous l'avouons, si elle se présentait avec cet air languissant, *exterminé*, ou solennel et sombre que nous avons peut-être vu sur certains visages et que Notre Seigneur signalait comme un défaut à éviter quand on jeûne; mais on est, grâce à Dieu, d'une autre humeur à la Trappe.

Cette belle humeur que nous voudrions savoir peindre aussi bien que nous l'avons comprise, en l'étudiant de près à Aiguebelle et à Maubec, c'est d'abord, dans le mouvement, quelque chose de vif et d'alerte. On ne se précipite pas, on ne brusque rien, on ne fait point d'embarras, et pourtant on va vite; tout en se possédant, il semble qu'on se secoue pour se tenir en une constante activité d'âme et de corps. Cette horreur de la nonchalance est souvent marquée, au reste, dans la Règle de saint Benoît; elle en fait le fond :

« Ceignons nos reins et tenons nous tout prêts à marcher... car, si nous voulons nous établir une demeure dans les tabernacles sacrés, nous devons savoir que cela ne nous est pas possible à moins de courir et de nous hâter. — Si nous voulons éviter les peines de l'enfer et acquérir les récompenses immortelles, il faut, pendant que nous le pouvons, que nous sommes encore dans cette vie passagère, nous avancer avec vitesse et faire dès ce moment et sans différer ce qui peut nous rendre éternellement heureux. — Qu'il n'y ait point d'intervalle entre la

parole du maître et l'action du disciple, en sorte que
ces deux mouvements se rencontrent. — Les frères
coucheront tout vêtus, avec leurs ceintures. Ils seront
toujours prêts au signe du réveil ; ils se lèveront, ils
partiront à l'instant même et essaieront de se devan-
cer les uns les autres pour se trouver au service
divin, sans néanmoins blesser en rien la gravité et
la modestie. — Vous donc qui désirez de marcher
avec vitesse pour arriver à la céleste patrie, accom-
plissez par la grâce de Jésus-Christ cette Règle que
nous avons écrite comme un petit commencement
de la vie monastique. »

Bossuet, frappé de cette vive allure du patriarche
des moines et de ses disciples, l'exprimait heureusement par cette parole que Dieu fit entendre à
Abraham, lorsqu'il lui commanda de sortir de son
pays et de sa famille pour aller dans une autre
patrie : *Egredere*, Sors. C'est le texte du beau panégyrique de saint Benoît. Exposant sa pensée : « Le
croirez-vous, s'écrie le grand orateur, le croirez-
vous, si je vous le dis, que toute la doctrine de
l'Évangile, toute la discipline chrétienne, toute la
perfection de la vie monastique est entièrement ren-
fermée dans cette seule parole : *Egredere*, Sors ? La
vie du chrétien est un long et infini voyage durant
le cours duquel, quelque plaisir qui nous attache,
quelque compagnie qui nous arrête, quelque ennui
qui nous prenne, quelque fatigue qui nous accable,
aussitôt que nous commençons de nous reposer,
une voix divine s'élève d'en haut qui nous dit sans

cesse et sans relâche : *Egredere*, Sors, et nous
ordonne de marcher plus outre. Telle est la vie chrétienne, et telle est par conséquent la vie monastique.
Car qu'est-ce qu'un moine véritable et un moine
digne de ce nom, sinon un parfait chrétien ? Faisons
donc voir aujourd'hui, dans le père et le législateur,
le modèle de tous les moines, la pratique exacte de
ce beau précepte. » — Puis il décrit, en suivant la
vie de saint Benoît et le sens de sa Règle, toute la
marche et le progrès de cet exode de l'âme s'empressant à la recherche de sa patrie. Elle quitte d'abord
les basses régions, s'affranchissant par la pauvreté,
par la chasteté et par la mortification de la fasci-
nation des choses extérieures et de la séduction des
plaisirs charnels. — Mais, dégagée, pour ainsi dire,
de la matière, l'âme va-t-elle se reposer dans cette
vie supérieure de l'esprit, se complaisant dans le
sentiment de sa force et dans le jeu de sa liberté ?
Si elle s'abandonne à cette sorte de propriété et de
volupté plus délicate, elle ne parviendra pas à Dieu,
la plénitude de la vie ; au contraire, se consumant
elle-même dans cette jouissance égoïste et se heur-
tant, dans son vol déréglé, contre mille obstacles,
elle perdra bientôt sa joie et jusqu'à la consolation
de cette fière dignité où elle avait cru s'établir, car
elle retourne à la servitude par une fausse et indi-
gente liberté. Prenant donc une autre voie, qu'elle
aille à la liberté par la dépendance : *Egredere* :
qu'elle sorte d'elle-même par l'humilité ; qu'elle sou-
mette par l'obéissance sa volonté à la volonté de

Dieu. Ainsi dirigée, soutenue, sanctifiée par la loi toute spirituelle de l'Évangile qui a son application parfaite dans les exercices de la discipline monastique, *elle entrera dans les puissances du Seigneur* et commencera de s'unir à lui. — « Et alors ne lui sera-t-il pas permis de se reposer ? Non, il n'y a rien de plus dangereux. Car c'est là qu'une secrète complaisance fait qu'on s'endort dans la vue de sa propre perfection. Tout est calme, tout est accoisé ; toutes les passions sont vaincues, toutes les humeurs domptées ; l'esprit même, avec sa fierté et son audace naturelle, abattu et mortifié : il est temps de se reposer. Non, non : *Egredere,* Sors.... Le voyage chrétien est de tendre à une haute éminence par un chemin droit, avec un poids d'une pesanteur infinie qui nous entraîne en bas. Tel est l'état du chrétien : il faut toujours être en action, toujours grimper, toujours faire effort. Car dans un chemin si droit, avec un poids si pesant, qui ne court pas retombe, qui languit meurt bientôt, qui ne fait pas tout ne fait rien, qui n'avance pas recule en arrière. »

Enfin une raison suprême qui nous ordonne de cheminer sans relâche et ne nous permet pas même de nous arrêter en Dieu, c'est que, « quoiqu'il n'y ait rien au-dessus de lui à prétendre, il y a tous les jours à faire en lui de nouveaux progrès ; et il découvre pour ainsi dire tous les jours à notre ardeur de nouvelles infinités.... Allez donc sans vous arrêter jamais ; perdez la vue de toute la perfection que vous pouvez avoir acquise ; marchez de vertus en vertus, si vous voulez être dignes de voir le Dieu des dieux en Sion. »

Le lecteur nous pardonnera peut-être de lui avoir allégué une si belle philosophie pour expliquer jusque dans son principe l'attitude bien éveillée de la Trappe.

Mais des gens qui marchent ainsi devant la face de Dieu comme Abraham, toujours occupés des choses éternelles, doivent avoir une religion très-solennelle; leur ton, par exemple, ne peut être que lugubre, quand ils se disent l'un à l'autre en se rencontrant sous les voûtes du vieux cloître : *Frère, il faut mourir !*

La vérité est d'abord que les Trappistes, lorsqu'ils se rencontrent, se saluent cordialement sans se dire un mot, et que leur fameux dialogue est une vieille plaisanterie. Veut-on savoir, au reste, l'impression que fait en eux la pensée de la mort, ce qu'ils ressentent à la vue des tombeaux et devant les images terribles souvent répétées sur les murailles? Voici sur ce sujet une lettre de ce Clausel de Coussergues dont Mlle de Longevialle invoquait l'exemple pour montrer qu'elle ne serait pas la première de sa famille à entrer à la Trappe.

« Plus on souffre pour Dieu, écrivait-il, plus on est heureux par la pensée de gagner le ciel... Voici un des grands avantages de la vie religieuse : c'est que tout ce qui annonce la dissolution prochaine et le tombeau cause autant de joie qu'on est attristé dans le monde par tout ce qui en rappelle le souvenir.

« Il n'y a pas de mendiant qui se nourrisse aussi mal que nous, et cependant il n'est pas un seul de nous qui voulût changer son état contre un empire. La mort qui se hâte vient confondre l'empereur et le moine : chacun s'en va, n'emportant que ses œuvres ; alors on est bien aise d'avoir semé au milieu des larmes. Le mal est passé, la joie reste pour l'éternité.

« J'ai vu mourir un de nos frères. Ah! si vous saviez quelle consolation on a dans ce moment de la mort! Quel jour de triomphe! Notre Révérend Père Abbé demanda à l'agonisant : « Eh bien! êtes-vous fâché maintenant d'avoir un peu souffert?... » Je vous avoue, à ma honte, que je me suis senti quelquefois envie de mourir, comme ces soldats lâches qui désirent leur congé avant le temps. »

Pour ces âmes détachées des choses d'ici-bas et qui portent en elles-mêmes une foi si vive à l'Évangile, un si ferme sentiment de leur immortalité, la mort perd ce qu'elle a d'horrible ; elle est transfigurée jusqu'à devenir aimable et séduisante. Ce n'est plus la mort, c'est le *Père de famille* qui vient chercher *ses serviteurs* pour les rendre à jamais heureux ; c'est l'*Époux* céleste qui appelle *les vierges* aux noces éternelles. Et n'est-ce pas sous ces traits que l'Évangile présente la mort aux amis de Dieu ? Elle n'est vraiment effrayante que pour ceux qui mettent tout leur cœur à la vie présente et à ses biens périssables : à ceux-là, il est vrai qu'elle doit apparaître sous la figure d'un *voleur* et d'un meurtrier.

Quant aux rapports si fréquents que les Trappistes entretiennent avec Dieu et avec tout le monde surnaturel, ceux qui les ont vus de près savent bien qu'ils ne songent nullement à y mettre une gravité raide et compassée qui n'aurait absolument rien d'évangélique ni de raisonnable. Si nous devons, en effet, *recevoir le royaume des cieux à la manière des enfants* et nous *faire petits* pour y entrer, cette recommandation du divin Maître ne regarde-t-elle pas surtout l'attitude qu'il nous convient d'avoir devant Dieu ? (1).

Assurément, la Trappe est un lieu de religion sérieuse et d'adoration profonde ; tel est l'esprit de la Règle et le sens du cérémonial qui prodigue les prostrations dans le culte et les autres signes de vénération. Saint Benoît a un chapitre *sur la révérence que l'on doit garder dans la prière.* En dehors même des saints exercices, il est facile de voir que les têtes sont doucement inclinées sous le poids toujours senti de la Majesté divine. C'est

(1) « Soyons hommes avec les hommes, et toujours enfants devant Dieu ; car nous ne sommes, en effet, que des enfants à ses yeux. La vieillesse même, devant l'éternité, n'est que le premier instant d'un matin. — Avec Dieu, il ne faut être ni savant ni philosophe, mais enfant, esclave, écolier, et tout au plus poète. — Il faut être religieux avec naïveté, abandon et bonhomie, et non pas avec dignité et bon ton, gravement et mathématiquement. » — Excellentes pensées de Joubert, cet aimable sage qui avait en toutes choses le sentiment exquis des convenances.

pourquoi Jacques (?, après avoir passé quelques jours dans l'abbaye de M. de Rancé, dit le mot que nous avons déjà cité : « Il faut venir ici pour apprendre à avoir du respect pour Dieu. » Mais le même roi ne disait-il pas aussi que, « depuis qu'il avait écouté l'Abbé de la Trappe, il se sentait porté à aimer Dieu comme un Père, et non plus seulement à le craindre comme une puissance souveraine et indépendante? » C'est qu'en effet, le respect pour Dieu n'exclut pas l'amour; c'est l'amour, au contraire, quand il est très-vif, qui produit le respect le plus parfait que l'on puisse ressentir. Et, sans doute, l'amour doit être ardent dans ces âmes courageuses et mortifiées; car la première récompense que Dieu nous donne pour les sacrifices que nous lui offrons, c'est de nous attendrir davantage le cœur et d'agrandir la douce blessure que son amour y a déjà faite. Une crainte filiale, l'amour et le respect mêlés ensemble, tel est donc le caractère religieux de la Trappe; et il en résulte une piété tendre et sérieuse, complètement exempte de ce fanatisme et de cette solennité raide qu'on est tenté mal à propos d'associer avec l'idée d'une vie austère.

L'amour de Dieu et l'amour du prochain se tiennent si étroitement qu'ils ne forment ensemble qu'une même vertu, la charité suave et forte, dont le nom exprime tout l'esprit du christianisme. Si donc l'humilité, le silence, le travail, le jeûne et les coups de discipline qui font voler le sang disposent le cœur à la tendresse dans les communications avec Dieu, cette austérité de vie ne saurait assurément, par un effet contraire, rien mêler d'amer ni de rude aux relations mutuelles de la famille religieuse. On est d'autant plus doux à ses frères qu'on est plus dur à soi-même : la répression énergique de tous les penchants égoïstes fait régner la justice dans ce commerce intime, et l'onction surnaturelle qui découle de la croix y ajoute le charme d'une aimable cordialité.

On a, il est vrai, moins de ménagements que dans le monde pour l'amour-propre qui n'a pas à la Trappe l'épiderme aussi délicat ; la correction fraternelle s'y exerce avec la franchise qui convient à des gens dont le premier but est de s'aider les uns les autres à devenir vertueux. Mais, si la bienveillance est exempte de mollesse, elle abonde en dévouement et se témoigne par mille attentions délicates, rendues plus gracieuses encore par cette politesse d'autrefois dont les couvents ont gardé les meilleures traditions. Dans une description qu'elle nous a faite d'une journée à la Trappe, la prieure de Maubec, voulant nous donner à entendre combien est profond le recueillement des veilles de nuit sous le cloître, observe qu'à ce moment les sœurs ne se saluent pas. Aux autres heures, quand elles se rencontrent et aussi avant de s'asseoir ensemble pour le même exercice, elles s'inclinent en échangeant, sans doute, ce sourire franc et bon que nous avons eu souvent tant de plaisir à voir sur les lèvres des moines d'Aiguebelle.

Peut-être le lecteur se souvient-il de certains

préjugés que Mlle de Longevialle eut d'abord contre les couvents. Peu flatteuse, injuste même à l'égard de son sexe, elle supposait que le règne de la paix devait être très-laborieux et compliqué dans les maisons de femmes. Aussi, dans le dessein d'échapper en quelque sorte au spectacle des petites passions et des petits conflits que son imagination lui faisait voir de loin, avait-elle résolu de n'ouvrir les yeux qu'autant qu'il serait nécessaire pour se conduire elle-même dans cette mêlée. Or, nous devons dire que ses idées sur ce point se modifièrent dans un sens plus favorable, à mesure qu'elle vit de plus près et pratiqua davantage le cloître de Maubec. Et, là-dessus, la prieure va jusqu'à croire, non sans un peu de malice, que « si Dieu eût laissé faire à sœur Marie-Bernard une plus longue expérience de la vie, les femmes n'auraient rien perdu dans l'estime de cette enfant, et que les hommes n'y auraient peut-être pas gagné. »

Si les hommes valent mieux que les femmes, ou les femmes mieux que les hommes, c'est une vieille et difficile querelle sur laquelle les gens paisibles des deux partis pourraient transiger équitablement en convenant sans plus d'examen qu'on a, d'un côté comme de l'autre, grand besoin de la miséricorde de Dieu et qu'il faut s'entr'aider à devenir meilleur chacun à sa manière. Dans cette intention toute pacifique, nous sommes heureux d'avouer ici l'agréable impression qui nous est restée des confidences de notre chère Marie sur l'intérieur de son

cloître. Ses anciennes préventions étaient tombées ;
ses yeux qu'elle avait résolu de tenir fermés aimaient
à s'ouvrir sur les mouvements vifs et harmonieux de
cette famille religieuse ; elle se plaisait à voir sur
tous les visages l'épanouissement de la paix et de la
charité. Toujours mécontente d'elle-même, la pauvre
enfant se trouvait maussade et raide au milieu de
tant de bonne grâce ; mais, comme nous le verrons
plus tard, ses compagnes, à leur tour, rendaient
justice à cette âme énergique et fière qui travaillait
constamment à s'assouplir pour se conformer à la
belle loi de concorde monastique proposée par S.
Benoît : « Les frères, dit-il, doivent se prévenir par
des témoignages d'honneur et de respect, supporter
avec une patience parfaite les infirmités les uns des
autres, qu'elles soient dans le corps ou qu'elles
soient dans l'esprit, et se rendre à l'envi une obéissance exacte. Que nul ne fasse ce qu'il croit lui être
bon, mais ce qu'il juge être utile à son frère. Qu'ils
se donnent entre eux des marques d'une amitié toute
chaste et toute pure ; qu'ils craignent Dieu, qu'ils
aiment leur abbé d'un amour humble et sincère
tout ensemble, et qu'ils ne préfèrent jamais rien
à Jésus-Christ, auquel il plaise de nous accorder,
à tous, tant que nous sommes, l'éternité de ses
saints. »

Il y a dans la Règle bénédictine une autre recommandation qui va paraître singulière à ceux que la
moindre gêne de corps ou d'esprit met en mauvaise
humeur, et qui partent de cette expérience pour

s'imaginer que la mortification et la joie ne sauraient aller ensemble ; expérience incomplète, comme celle que faisait des bains de mer un personnage réjouissant qui nous est resté dans l'esprit, depuis l'âge bienheureux où nous lisions le *Journal des Enfants*. Ce bonhomme, se mettant à l'eau avec trop de défiance et en détail, à commencer par le gros orteil, éprouvait en cet endroit une sensation de froid concentré qui le faisait bientôt se retirer en frissonnant. On lui disait avec raison que, pour se réconcilier avec la mer et la trouver bonne, il faut s'y jeter tout d'une pièce. Les Trappistes se plongent ainsi dans les eaux saintes de la pénitence ; et, parce qu'ils y sont tout entiers, de leur plein gré et de bon cœur, ils s'y trouvent si bien que leur prudent fondateur croit devoir, à deux reprises, les mettre en garde contre la tentation de trop s'abandonner au rire ; il fait même de la modération dans le rire une vertu monastique qui dérive, selon lui, d'une humilité très-parfaite.

Un vrai et fervent disciple de saint Benoît est, en effet, le plus heureux des hommes. S'il n'a pas les jouissances de la vie mondaine, il n'en supporte pas non plus les soucis infinis, et il goûte dans son abandon à la divine Providence une paix que le monde ne peut donner. Il n'est pas oisif cependant : s'il l'était, pourrait-on le croire heureux ? Mais les différentes occupations de l'âme ou du corps entre lesquelles se partagent ses jours sont si simples, si innocentes et ordonnées avec tant de sagesse qu'il

y trouve un perpétuel renouvellement de cette satisfaction virile, de ce noble sentiment de la vie que
Dieu a attaché au déploiement de notre activité,
quand elle s'exerce dans le vrai et dans le bien. Ce
serait une erreur et une ingratitude de le croire
inutile à ses semblables dans la solitude où il s'est
retiré ; c'est surtout en intercédant pour nous auprès
de Dieu qu'il nous est secourable. Il est vrai néanmoins que cette part abondante qu'il prend à l'œuvre
de la Rédemption le laisse à l'abri des douloureuses
inquiétudes qu'il faut dévorer, des dangers même
qu'il faut courir, quand on est envoyé pour chercher
et sauver les âmes au travers de la mêlée humaine.
Toutefois il n'est pas isolé et, s'il faut convenir avec
Bossuet que *le plaisir de l'homme, c'est l'homme*, il a
un foyer, une famille nombreuse, un père revêtu à
ses yeux d'une autorité divine, des frères et des amis
dévoués qui sont à ses côtés le jour et la nuit. Pour
comble de bonheur, Dieu est avec eux tous ; car
c'est bien particulièrement à eux que s'adresse cette
magnifique prophétie : « Je ferai ma demeure en
eux et je me promènerai au milieu d'eux, et je serai
leur Dieu et ils seront mon peuple. Sortez du milieu
du monde, dit le Seigneur, et séparez-vous, et ne
touchez point aux choses impures, et je vous rece-
vrai, et je serai votre père et vous serez mes fils et
mes filles, dit le Seigneur tout-puissant (1) ». Dans
cet asile sacré où toutes les grâces affluent, où le

(1) 2e Épître aux Corinthiens, chap. VI.

Seigneur daigne se promener familièrement comme autrefois dans l'Éden, ces mortels prédestinés ne peuvent-ils pas attendre en patience le jour sans nuages et sans déclin où la gloire de Dieu leur apparaîtra tout entière ? Sans doute, ils ont leur part de tentations, leurs heures de lassitude ou d'angoisse ; ils portent le joug d'une règle sévère qui n'accorde à la nature que ce qu'il serait imprudent de lui refuser. Mais, cette austérité même, ils l'ont embrassée avec amour et ils la bénissent jusque dans les sacrifices les plus durs qu'elle leur impose, parce que c'est d'elle précisément que découle toute leur joie. C'est cette vigoureuse discipline monastique qui, en rétablissant l'ordre dans leur âme, y fait descendre l'ineffable paix du Christ et une abondance de consolations divines dont la suavité se répand quelquefois jusque dans leur chair sanctifiée par la mortification. Ils ont résolu l'énigme que Samson proposa un jour à ses convives : « *de forti egressa est dulcedo* ; de ce qui est fort, leur dit-il, est sorti ce qui est doux. » — Dans la gueule d'un lion tué par lui quelques jours auparavant, il avait trouvé un essaim d'abeilles et un rayon de miel.

La joie qui remplit le cœur de ces amis de Dieu jaillit donc de leurs lèvres, et elle se dissiperait peut-être en explosions d'une hilarité trop enfantine, s'ils ne prenaient soin de la tempérer par une certaine mélancolie, en se souvenant que leur combat n'est pas achevé, qu'ils sont encore sur la terre de l'exil, qu'ils peuvent perdre ce beau ciel dont la bonté divine leur donne comme un avant-goût et qu'ils doivent opérer leur salut avec une sorte de crainte et de tremblement. Voilà sans doute pourquoi saint Benoît les ramène à l'humilité pour les obliger à la modération dans la gaieté.

Il faut enfin terminer cette étude sur la Trappe. L'étude est trop longue et très-imparfaite, nous en convenons ; mais la Trappe, cher lecteur, qu'en pensez-vous ? — Cette même question fut résolue, il y a quelques années, par un homme fort intelligent et du meilleur monde avec une franchise qui vous semblera peut-être un peu brutale.

Un jeune homme de vingt-cinq ans, en possession d'un grand nom et d'une grande fortune , doué d'infiniment plus d'esprit et de bonne grâce qu'il n'en faut pour briller, quand déjà on est riche et noble , venait de quitter sans bruit la scène du monde. On apprit qu'il était allé s'ensevelir dans une Trappe. Grande pitié parmi ses compagnons de jeunesse : évidemment ce pauvre marquis était devenu fou ! Pour mieux s'en assurer, un de ses proches fut aux informations à la Trappe même. Il y passa huit ou quinze jours à bien considérer le fugitif et toute chose. Quand il fut de retour : Eh bien ? lui dit-on. — Eh bien ! répondit-il, c'est nous qui sommes fous.

Ceux-là sont fous assurément qui ne s'occupent presque point de l'éternité où la mort va les jeter dans quelques années d'ici, peut-être dans une heure.

— Faut-il donc, pour nous préparer à l'éternité, nous enfermer tous dans le cloître ? Le monde finirait avec nous. — Cette conséquence n'aurait pas effrayé saint Jérôme : il lui semblait que, si le monde finissait ainsi, ce serait, pour un si mauvais sujet, une bonne manière de finir.

Mais ce souhait ironique n'empêchera pas les choses humaines de suivre jusqu'au bout leur train accoutumé. A l'avenir comme par le passé, la grande masse des hommes restera dans le mouvement naturel de la vie terrestre, pendant que quelques âmes, plus fortement préoccupées du ciel et obéissant à une secrète sollicitation de la grâce divine, se retireront dans les sanctuaires où la sagesse de l'Eglise a établi et consacré une manière de vivre admirablement appropriée à la recherche de la perfection chrétienne. Cette double direction de l'humanité est d'ailleurs dans les desseins de Dieu lui-même, et il est consolant de se souvenir que l'Evangile indique deux voies distinctes pour aller de la terre au ciel : la voie des préceptes et celle des conseils. Mais c'est aussi la volonté de Dieu, que ceux qui vont à la patrie par le chemin des préceptes évangéliques et ceux qui s'y rendent par le chemin des conseils demeurent unis dans une tendre sympathie et se viennent en aide les uns aux autres.

Certes, les Ordres religieux, il faut le dire à leur louange, et l'histoire, prise dans ses grandes lignes, ne nous démentira pas, les Ordres religieux sont fidèles à ce divin mandat de charité à l'égard de

leurs frères qui vivent au milieu du monde. Destinés
dans leur admirable variété à reproduire d'une
manière parfaite et à mettre en relief, aux yeux de
tous, les aspects divers de la morale enseignée par
Jésus-Christ, ils peuvent se ramener à deux groupes
principaux qui répondent à ce double amour de Dieu
et du prochain dans lequel se résume toute la loi
évangélique. Le premier groupe comprend les Ordres
qui se livrent dans la solitude à la contemplation et
à la pénitence ; le second les Ordres voués à l'action,
au service des hommes dans les innombrables nécessités de l'âme et du corps. Ceux-là, parce que le
bien qu'ils nous font est plus sensible et plus immédiat, nous les estimons et les admettons volontiers,
sans prendre garde aux clameurs de certaines gens
de plume que la vue d'un froc met en fureur, ni
même aux inquiétudes exagérées de quelques politi-
ques étroits qui se préoccupent trop des petits côtés
d'une grande chose et ne font pas attention qu'aujourd'hui, comme le disait si justement Napoléon Ier,
*l'athéisme est infiniment plus à redouter que le fana-
tisme.* Nous laissons donc ces religieux et ces religieuses intervenir dans notre vie, nous faisons
appel à leur zèle et à leur dévouement. Ils viennent en aide à nos prêtres dans la prédication de
l'Evangile et dans la direction des consciences ; ils
font l'éducation de nos enfants ; ils prennent soin de
nos pauvres, de nos vieillards, de nos malades, de
nos prisonniers.

Quant aux moines qui vivent dans la retraite,

occupés au culte de Dieu et à la sanctification de leurs âmes, nous tardons, pour l'ordinaire, à leur rendre pleine justice, jusqu'au jour où une circonstance heureuse qui nous met en rapport avec eux nous apprend à les mieux connaître. Mais alors nous les aimons, nous les proclamons dignes, eux aussi, de l'admiration et de la reconnaissance de l'humanité pour tout le bien qu'ils lui font.

Ne faudrait-il pas d'abord les bénir, quand même ils ne feraient rien autre chose que de penser à Dieu et chanter ses louanges? Si nous avons, en effet, quelque amour pour notre Créateur, quelque regret de le voir trop souvent oublié, méconnu, outragé dans le milieu où nous sommes, ne nous réjouirons-nous pas à la pensée qu'il y a sur la surface de la terre un certain nombre de lieux sacrés où il est honoré et remercié le jour et la nuit par des âmes innocentes? (1)

Mais, avec la consolation d'un tel spectacle, quels autres biens précieux découlent pour nous de ces

(1) « Celui qui ignore les services rendus par les moines ou qui les méprise n'a qu'une idée étroite et vulgaire de la vertu, et croit stupidement qu'il a rempli toutes ses obligations envers Dieu par quelques pratiques habituelles accomplies avec cette froideur qui exclut le zèle et l'amour. » Belles paroles de Leibnitz citées par M. le comte de Montalembert dans son Introduction aux *Moines d'Occident*, cette œuvre de foi, de poésie et de large science, où l'on peut voir un magnifique développement des considérations sur la vie monastique à peine indiquées dans notre faible étude sur la Trappe.

saintes solitudes ! Quelles leçons et quels secours !
Avec quelle éloquence l'exemple de ces pieux soli-
taires ne nous prêche-t-il pas la part qu'il faut
donner dans notre vie au souvenir de Dieu et des
choses éternelles, le soin que nous devons prendre
de la santé et de la beauté de nos âmes, la vigilance
et la générosité qui doivent présider à toute la conduite d'un vrai chrétien ! Ce qui le prouve bien, c'est
l'exclamation qui nous échappe quand on nous fait
la description du genre de vie pratiqué dans ces
couvents austères : « S'il faut tout cela pour aller
au ciel, nous écrions-nous, où est-ce que nous
irons ? » — Non, il ne faut pas tout cela, mais il
faut pourtant quelque chose de sérieux, la crainte
de Dieu, la piété, le respect de nous-même, l'accom-
plissement de tous les devoirs de justice et de charité
qui résultent de notre position, l'expiation de nos
fautes. Or, à la vue de ces hommes courageux qui
s'imposent plus qu'ils ne doivent, nous nous sentons
stimulés à donner à Dieu, sans tant marchander, le
prix qu'il exige pour notre salut. Et cette leçon de
sagesse et d'énergie n'a-t-elle pas quelque chose qui
nous émeut davantage, nous venant d'un sexe faible
et délicat qui porte le joug d'une discipline si dure,
dans un temps comme le nôtre, où la dissipation de
la vie et des mœurs frivoles ou lascives menacent
d'enlever aux femmes la couronne d'honneur que le
christianisme avait mise sur leur front ? Enseigne-
ment plus précieux encore peut-être, ces pénitents si
impitoyables à eux-mêmes et que nous voyons cepen-

dant si paisibles, si joyeux, nous apprennent ainsi
à chercher le bonheur là où il se trouve uniquement, c'est-à-dire dans la vertu et aux sources du
sacrifice, selon la devise du héros biblique : « *De ce
qui est fort est sorti ce qui est doux.* » Rien, sans
doute, de plus important à savoir ; car le mobile de
toutes nos agitations, n'est-ce pas le désir d'être
heureux, et notre erreur comme notre lâcheté n'est-
elle pas de vouloir étancher notre soif à des coupes
qui commencent par la douceur et finissent par
l'amertume ?

Toutefois ces heureux serviteurs de Dieu ne se
bornent pas à nous avertir de notre imprudence et
de notre sottise, comme faisait ce maître d'école de
la Fable à l'enfant qui se noyait. Il faut même dire
qu'ils ne songent pas à faire la leçon à qui que ce
soit ; c'est à nous de tirer du spectacle de leur vie le
profit qu'il nous plaira. Quant à eux, ils s'occupent
de leurs propres défauts beaucoup plus que des
nôtres et personne au monde ne leur semble avoir
plus grand besoin qu'eux-mêmes de la miséricorde
de Dieu. Ils se font avec raison de la justice et de la
sainteté une idée très-élevée ; ils mettent en regard
de toutes les grâces dont ils sont comblés ces misé-
rables restes du vieil Adam contre lesquels ils ont
encore à se débattre tous les jours ; ils savent enfin
combien il leur importe de se tenir petits et humbles :
— « S'il nous arrivait, leur dit saint Bernard, de
nous élever par un orgueil pharisaïque au-dessus
des autres, à quoi nous serviraient notre abstinence,

nos jeûnes, nos veilles, le travail des mains et nos autres austérités ? N'y avait-il pas un genre de vie plus traitable pour nous conduire aux enfers ? (1) » Mais, s'ils se gardent bien de nous mépriser ou de se poser en censeurs de nos vices, ils ne nous oublient pas cependant ; ils s'occupent de nous tous les jours dans un sentiment de tendre compassion et nous viennent en aide autant qu'ils le peuvent.

La situation que leur ont faite nos sociétés modernes ne leur permet pas, sans doute, ces magnifiques aumônes que l'histoire raconte des anciens monastères comblés de richesses par la piété des fidèles ; mais ils ont hérité du même amour pour les pauvres et c'est leur plus douce joie de partager avec eux le pain qu'ils gagnent à la sueur de leur front. Ceux qui connaissent la Trappe savent avec quelle fidélité elle a gardé en ce point comme en tout le reste les saintes traditions de ses pères. Une belle page de Dom Le Nain, que nous ne pouvons résister au

(1) Si les moines se croient obligés de pleurer avant tout sur eux-mêmes et de faire pénitence pour leur propre compte, il n'y a pourtant rien de moins vrai que le préjugé qui ne voit dans les cloîtres qu'une sorte de refuge préparé aux grandes douleurs ou aux grands crimes. Presque tous ceux qui viennent là sont, au contraire, des âmes simples et pures qui se sont, dès la première jeunesse, tendrement attachées à Dieu. Il faut voir dans le livre de M. de Montalembert que nous avons déjà cité un beau chapitre sur *la véritable nature des vocations monastiques.*

désir de citer ici, va nous révéler les principes de M. de Rancé et de ses disciples sur l'aumône :

« Le principe du Révérend Père était qu'un chrétien ne doit jamais renvoyer son frère sans le secourir dans ses nécessités ; qu'il doit donner sans s'inquiéter du lendemain et que, l'aumône n'ayant jamais appauvri personne, il faut la faire sans souci de ses propres besoins. Aussi défendait-il aux officiers chargés du temporel de rien réserver sous prétexte des mauvais temps qui pourraient arriver et de refuser du secours aux indigents tant qu'il y avait quelque chose dans la maison. Ses religieux professaient le même respect que lui pour les pauvres. Le frère Pacôme, convers, chargé des distributions quotidiennes, s'acquittait de cet emploi avec tant de fidélité, de bonté, de charité, d'honnêteté, que les indigents le bénissaient et l'aimaient comme leur nourricier et leur père ; mais, pour lui, il se faisait gloire de n'être que leur serviteur. Il entendit une fois cette parole de Dieu à Moïse : « Cette terre est une terre sainte ; n'en approche pas sans ôter ta chaussure. » Il se l'appliqua à lui-même et à ses fonctions ; et, à partir de ce jour, avant d'entrer dans la salle qui renfermait le pain des pauvres et tout ce qui servait à leur usage, il se déchaussait respectueusement. Quand on lui en demanda la cause, il répondit : « Je considère cette chambre comme un lieu saint, comme la salle de Jésus-Christ, parce qu'on l'a réservée au service des pauvres que nous regardons comme Jésus-Christ, et c'est pour cela que je me déchausse avant d'y entrer. »

Mais voici le bienfait inappréciable qui nous vient de ces saintes maisons : c'est la part qui se déverse sur les riches comme sur les pauvres de tant de prières et de sacrifices ; c'est la justice de Dieu apaisée, c'est son cœur paternel ému de pitié sur nos fautes et sur nos besoins. Assurément notre salut ne saurait se faire par procuration ; mais, s'il faut y mettre l'effort de notre liberté et payer de notre personne, il est également vrai qu'en cette œuvre le secours d'en haut nous est indispensable. Or, cette grâce surnaturelle qui éclaire notre intelligence, qui fortifie notre volonté, qui incline notre cœur à l'amour du bien et nous dispose ainsi à la vie éternelle, Dieu daigne la répandre sur nous avec une plus grande abondance, avec une force qui vient à bout de nos résistances, en considération des mérites et de la prière des justes. Comme il a constitué la société humaine sur le plan d'une famille dont il est le père, ii se plaît à voir les meilleurs de ses enfants intercéder et se dévouer pour les autres. C'est l'explication de la patience divine en présence des iniquités du monde et le secret des prodiges de miséricorde que révélera le dernier jour. Alors il y aura, nous le croyons, beaucoup de gens qui apprendront avec un humble et joyeux étonnement qu'ils sont redevables de leur salut à quelque pauvre femme dévote, à des moines, à des religieuses qui leur avaient paru méprisables sur la terre.

En retour de tout le bien qu'ils nous font, comment traiterons-nous ces amis de Dieu et des hommes ? Bossuet va nous le dire, et ce sera la conclusion de notre étude sur la Trappe : « Respectons les saints qui sont parmi nous ; nous leur devons tout ; et Dieu s'apaise en les voyant, comme un père qui voit ses enfants parmi ses ennemis retient sa main... « S'il y a cinquante justes dans Sodome, s'il y en a quarante, s'il y en a dix, je pardonnerai pour l'amour d'eux à toute la ville. » Dieu aime tant les siens que, non-seulement il les épargne, mais il épargne les autres pour l'amour d'eux. Si on n'aimait pas les justes, si on ne les protégeait pas pour eux-mêmes, il les faudrait protéger pour le bien public. (1) »

(1) Bossuet, *Méditations sur l'Évangile.*

FIN.

SAINT-ÉTIENNE, IMPRIMERIE THÉOLIER FRÈRES

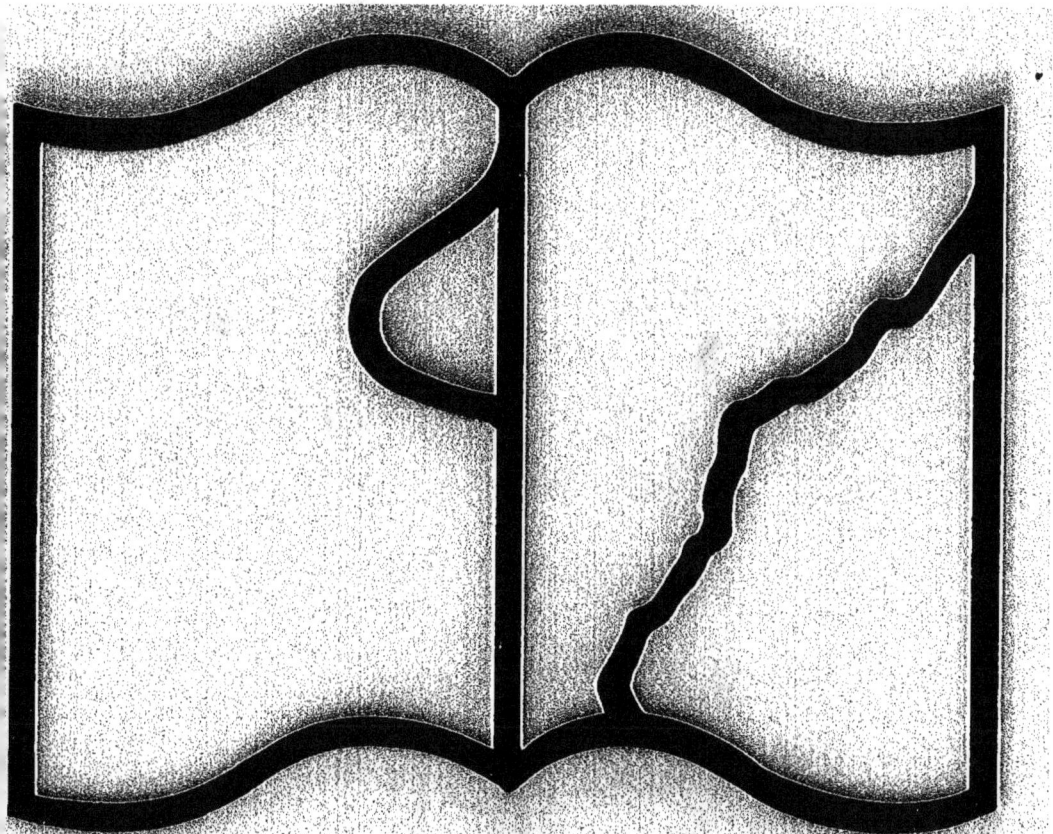

Texte détérioré — reliure défectueuse

NF Z 43 120 11

Contraste insuffisant

NF Z 43-120-14

www.ingramcontent.com/pod-product-compliance
Lightning Source LLC
Chambersburg PA
CBHW052214270326
41931CB00011B/2347